O mercado da morte

Wálter Fanganiello Maierovitch

O mercado da morte

Conexões e realidades

editora unesp

Direitos de publicação reservados à:
Fundação Editora da Unesp (FEU)
Praça da Sé, 108
01001-900 – São Paulo – SP
Tel.: (0xx11) 3242-7171
www.editoraunesp.com.br
www.livrariaunesp.com.br
atendimento.editora@unesp.br

Dados Internacionais de Catalogação na Publicação (CIP) de acordo com ISBD
Elaborado por Vagner Rodolfo da Silva – CRB-8/9410

M217m Maierovitch, Wálter Fanganiello

O mercado da morte: conexões e realidades / Wálter Fanganiello Maierovitch. – São Paulo: Editora Unesp, 2025.

Inclui bibliografia.
ISBN: 978-65-5711-304-2

1. Literatura. 2. Ensaio. 3. Guerra. 4. Política. 5. Indústria. 6. Geopolítica. 7. Relações internacionais. 8. Defesa. I. Título.

2025-3719 CDD 808.84
CDU 82-4

Editora afiliada:

Asociación de Editoriales Universitarias de América Latina y el Caribe

Associação Brasileira de Editoras Universitárias

Sumário

Apresentação

O ponto de partida desta obra está em uma frase vetusta e famosa, imortalizada pela pena de um escritor e burocrata imperial. A frase, da lavra de Públio Flávio Vegécio Renato, cuja vida se desenvolveu, pelo que se sabe, entre o final do século IV e as primeiras décadas do V, virou, mundo afora, um provérbio.

Nunca fiquei convencido do acerto de tal frase, expressa em latim, a língua oficial daquele tempo em que Roma era *caput mundi*: "*Si vis pacem, para bellum*" (Se queres a paz, prepara-te para a guerra). Por outro lado, essa máxima incomoda-me sobremaneira por seu emprego frequente em encontros internacionais, especialmente quando noto meneios de cabeça concordantes.

Tenho certeza de que essa ideia abriu a porta da fortuna para a indústria bélica, que atende pelo eufemismo de "indústria de defesa". Mais ainda, ela rege aquilo que se convencionou chamar de "paz armada". Levado o dardo comercial mais adiante, a supracitada frase caiu como uma luva para a conquista de um novo mercado, fora do âmbito militar: a venda de armas, com autorizações constitucionais e legais, para os civis, os cidadãos do mundo.

A partir dessa premissa, o texto se desdobra para examinar as engrenagens deste "*para bellum*" contemporâneo. Mergulhamos em um leque de temas interligados, como o tráfico de armamentos, os interesses geopolíticos e geoeconômicos dos Estados nacionais e a ação de grupos rebeldes e de organizações terroristas. Não passou despercebido o desenvolvimento tecnológico para fins bélicos, desde satélites informativos e beligerantes até os baratos drones, que enganam radares e barreiras antimísseis.

A espionagem e seus inúmeros problemas também são um fio condutor da narrativa. Analiso como ela se tornou oficial, "chapa branca", sob o nome pomposo de "inteligência de Estado", e como se disseminou por meio de agências nacionais. Temos, usando uma linguagem cinematográfica, os "007" infiltrados em países, por vezes atuando em cooperação internacional. É o vale-tudo sem limitações de fronteiras, com desrespeito à soberania dos países, onde assassinatos ficam impunes e o aprisionamento de inocentes se transforma em moeda de troca: até mesmo um jornalista por um traficante de armas, quando este último é detentor de segredos de seu Estado. Nesse capítulo, o Mossad é analisado por seu prestígio, mas sem apologias, e a peculiar história da inteligência no Brasil também encontra seu lugar. Cuidei do nascimento da Abin e da última tentativa de seu uso privado, não como agência de Estado.

Outra amarração feita no livro leva às análises da terceirização das guerras, com a contratação de empresas de mercenários, e da propaganda, com suas mentiras para iludir ou desviar a atenção da opinião pública. No campo do Direito Internacional, aparecem e são desenvolvidos os temas da jurisdição e dos tribunais internacionais, do passado e do presente: os tribunais militares dos vencedores das guerras; a confidência de Churchill a Stálin; e os tribunais permanentes, não castrenses, que substituíram a experiência com as cortes de justiça *ad hoc* para os casos da ex-Iugoslávia e de Ruanda. Discuto a falta de força executiva do Tribunal Penal Internacional e da Corte Internacional de Justiça, concluindo que a primeira vítima de um conflito armado é o Direito Internacional Público.

Diante de um painel tão vasto e complexo, com tantos atores e mecanismos, fez-se necessária uma escolha. Em vez de apenas catalogar uma infinidade de situações de conflito ou tráfico de armas pelo mundo, o que tornaria a análise superficial, optei por focar naquilo que arde sob os nossos olhos. Este livro toma os conflitos mais candentes da atualidade como estudos de caso exemplares, verdadeiros laboratórios onde todas as facetas do "mercado da morte" se revelam de forma explícita e interconectada.

É por essa razão que a guerra da Rússia contra a Ucrânia e, com especial destaque, a espiral de violência entre Israel e o Hamas, seguida pela recente escalada com o Irã, ocupam um espaço central na obra. Esses não são apenas mais alguns conflitos no noticiário. Eles são o palco onde a tecnologia de drones, a guerra de informação, os interesses das superpotências, a impotência dos tribunais internacionais e o sofrimento civil se manifestam com uma clareza trágica. Pretende-se assim, como escolha metodológica, usar uma lente de aumento sobre o presente para compreender a anatomia de um problema global e perene, insinuando os vasos comunicantes entre os componentes de um painel muito mais complexo e ameaçador. O desconforto eventualmente gerado talvez provoque a indignação esperada daqueles que prezam a convivência civilizada entre os povos e a valorização da vida humana.

Ao examinar esses casos em profundidade, vemos como a antiga máxima de Vegécio foi pervertida numa lógica puramente comercial e de poder. O título do livro, *O mercado da morte*, é a conclusão lógica desse percurso. Diante de nós, operando à luz do dia, estão os mercadores da morte. Eles se apresentam como pessoas físicas ou jurídicas, com ou sem nome de fantasia, com ou sem autorização para operar em bolsas de valores. Eles são parte do cotidiano, e é observando sua atuação nos conflitos que definem a nossa era que poderemos, talvez, enxergar a dimensão real de sua influência e da ameaça que representam.

O livro é dedicado à minha esposa, Sandra Maria Accorsi Fanganiello Maierovitch; aos meus outros tesouros, os filhos Gustavo, Bruno, Mariana e Maria Fernanda; à nora Ana e ao genro Flávio; e aos netos Romeo e Sofia. Como ensina a sabedoria popular galega: "Se quiseres saber onde estão os teus tesouros, consulta o teu coração".

Também dedico, com muita força e gratidão, ao saudoso Wagner Corrêa, que me apresentou, a partir de sua barbearia, a Jézio Hernani Bomfim Gutierre, hoje diretor-presidente da Editora Unesp. O pranteado amigo Wagner era um exímio mestre da tesoura e, com sua arte capilar, atendia ao professor Jézio e a este autor.[1]

Daquele salão de uma galeria paulistana da rua Heitor Penteado saiu a ideia para a obra passada, ganhadora do Prêmio Jabuti de 2022, e para esta, a caminho do prelo, depois de contar com a leitura e o *nihil obstat* de Jézio.

Wálter Fanganiello Maierovitch

1 O editor-executivo da Editora Unesp junta-se ao autor no reconhecimento ao inesquecível Wagner Corrêa, agregador de pessoas, ser humano generoso. (N. E.)

I

Si vis pacem, para bellum

Assinatura do convite de adesão da Alemanha Ocidental à Organização do Tratado do Atlântico Norte (Otan), na antiga sede da Otan em Paris, 1954.

Flavius Theodosius Augustus (379-395 d.C.), conhecido na história por Theodósio I, o Grande, e nos altares da Igreja católica como são Theodósio, contou, na sua corte romana, com um dedicado servidor.

Nas horas de folga, esse primoroso burocrata imperial colocava-se em panos de escritor para transformar-se num tratadista de guerras, sem nunca haver sido militar ou participado de combates. Esse doutrinador bélico, cujo nome era Públio Flávio Vegécio Renato, entrou para a história universal em razão de uma frase, em que se dava ênfase à paz, mas sem deixar a cautela de lado: "*si vis pacem, para bellum*", ou seja, "se queres a paz, prepara-te para a guerra". Ou seja: com Vegécio, nasceu a paz armada.[1]

* * *

1 Algo muito dispendioso: os Estados Unidos, por exemplo, só em 2024 gastaram US$ 824,3 bilhões com a Defesa.

Uma recente adaptação à célebre frase merece registro. No primeiro telefonema após a eleição de Donald Trump em 2024, o ucraniano Volodymyr Zelensky, que teve mandato presidencial prorrogado por lei marcial em razão da guerra decorrente da invasão russa iniciada em 24 de fevereiro de 2022, usou a expressão "paz por meio da força".

Nas redes sociais, em postagem de 8 de novembro de 2024, um dia após a apuração da eleição norte-americana, que já anunciava a vitória de Trump nas urnas e em todos os sete estados federados considerados decisivos (os *swing states*), Zelensky acrescentou: "Para nós, na Ucrânia, e em toda a Europa, sempre foi crucial ouvir as palavras do presidente dos Estados Unidos sobre a paz por meio da guerra".

A sugestão de Zelensky, bastante direta, era de que Trump usasse a força intimidatória do poderio bélico norte-americano para impor a paz à Federação Russa, no contexto da guerra de resistência da Ucrânia.

* * *

Vegécio faleceu sem imaginar que sua frase havia aberto a "porta da fortuna" para a indústria armamentista – que, eufemisticamente, trocou o qualificativo "armamentista" e adjetivou-se com outro termo: indústria de defesa, em claro esforço para a melhoria da imagem, mas sem a perda da essência da frase.

O que importa, no fundo, é que os fabricantes não deixam de atender os clientes-compradores, que em geral estão interessados mais no ataque. Com a bandeira acautelatória do "prepare-se para a guerra", a indústria bélica, como se diz no popular, "bombou" e explodiu em lucros.

Em 2023, as cem maiores empresas do setor faturaram US$ 632 bilhões, crescendo 4,2% em relação ao ano anterior.[2] Esse lucro exorbitante da indústria bélica decorria das guerras envolvendo diretamente a Ucrânia e Israel.

Entre as maiores empresas do setor, destacam-se a Lockheed Martin Corporation (disponibiliza produtos aeroespaciais defensivos), a Raytheon Technologies (oferece armamentos e componentes militares eletrônicos), a General Dynamics (exibe no mercado o título de quinto maior conglomerado industrial de defesa bélica), a Boeing (tradicional fabricante de aeronaves, é a segunda maior fornecedora de equipamentos de defesa).

Num recente ranqueamento, empresas dos Estados Unidos e da Rússia figuram como os maiores produtores e exportadores de armamentos. O Brasil também exporta violência e ocupa, com Itália, Israel, Suíça, Áustria e Argentina, o terceiro bloco dos maiores vendedores. No segundo bloco aparecem França, Grã-Bretanha e China.

Os novos produtos são exibidos em concorridas feiras internacionais. No campo das aeronaves, militares e civis, temos, como destaques, o Show Aéreo de Paris e o Show Aéreo de Berlim: em 2023, as atrações foram os drones. E drones

2 De acordo com o boletim do Instituto Internacional de Pesquisa para a Paz de Estocolmo.

explosivos estão sendo largamente empregados por Rússia, Ucrânia, Irã e Israel.

A guerra de drones

Os drones surpreenderam a indústria armamentista. Antes usados para espionagem por meio de captura de imagens em voos despercebidos por satélites, viraram instrumentos explosivos e também de suporte. Isso se deveu à sua capacidade de sustentar e disparar mísseis, além de driblar radares de vigilância e penetrar barreiras antimísseis. Os militares especializados em geoestratégia os consideram baratos: o modelo mais sofisticado atinge, em época de demanda, o preço unitário de US$ 3 milhões. Os Estados Unidos, neste início de século XXI, fez uso extensivo de drones em missões estratégicas no contexto da chamada "Guerra ao Terror" no Oriente Médio, e abriram as portas para um uso cada vez mais frequente e sofisticado desses equipamentos.

Os iranianos são os grandes produtores de drones. Tal produção, segundo as agências de inteligência, alimenta não apenas a defesa bélica do Irã como também o mercado internacional, incluindo-se aí grupos considerados terroristas, como os Hutis, no Iêmen. Em face disso, as fábricas de armamentos iranianas foram alguns dos alvos privilegiados no ataque de Israel ao Irã, em junho de 2025, com apoio norte-americano. A justificativa principal dos ataques empreendidos pelas Forças de Defesa de Israel (FDI) era danificar ou anular as instalações nucleares do país, para retardar seus programas de enriquecimento de urânio. No entanto, a investida mirou também as eliminações de comandantes das forças armadas e cientistas que trabalhavam nas usinas atômicas (quinze cientistas de ponta iranianos foram assassinados), bem como buscou danificar suas fábricas de armamentos como mísseis e drones, que foram todas pesadamente danificadas.

O uso de drones não está circunscrito ao Oriente Médio. Na guerra entre Rússia e Ucrânia, por exemplo, os russos, só no início de novembro de 2024, realizaram ataque com emprego de 145 drones. A Ucrânia, em setembro do mesmo ano, lançou 158. De lá para cá, mês a mês, esses dados são superados. É importante frisar que, no curso dos conflitos bélicos, os Estados envolvidos começam a esconder dados, em especial quando cidades populosas são atacadas e o número de civis inocentes mortos e feridos começa a ser atualizado constantemente. A propaganda de guerra[3] passa a atuar mais fortemente e começa a lançar mão de justificativas como "defendemos uma causa nobre e não interesses outros", ou "o inimigo provoca intencionalmente as atrocidades".

No dia 3 de julho de 2025, a Rússia realizou o maior dos ataques até então. O alvo foi a capital ucraniana, Kiev.

3 O presidente russo, quando os seus jovens soldados começaram a morrer em grande quantidade na Ucrânia, e os emprestados pela Coreia do Norte morriam "como moscas" (expressão empregada por um general ucraniano), fez uso da lei de censura de guerra. A violação a segredo de Estado é apenada com sete anos de cárcere fechado, distante do local da residência do infrator.

Protesto contra os drones e as guerras de Obama na cerimônia de posse de seu segundo mandato, em 2013.

Um detalhe: foram ataques noturnos, para atrapalhar o sono do cidadão comum e fazê-lo acordar em pânico. Prédios residenciais foram atingidos. Na ocasião, foram disparados 477 drones e 60 mísseis. Dos drones, 350 eram do tipo Shahed, de produção russo-iraniana.

Parêntese.

Um detalhe: 90% dos mísseis foram interceptados pelo sistema antiaéreo Patriot, fornecido pelos Estados Unidos. Isso faz lembrar uma intervenção do presidente ucraniano Zelensky no último Fórum Econômico Mundial de Davos. O ucraniano agradeceu o criador do Patriot: "não existe algo igual, em capacidade". A criadora do sistema Patriot (acrônimo de Phased Array Tracking Radar to Intercept On Target), nos anos 1960, foi a já mencionada Raytheon. Na Ucrânia, funcionam seis sistemas, e cada um é operado por cerca de cinquenta militares. Os sistemas estão todos na região de Kiev e destinam-se à proteção da população e de alguns prédios públicos.

Em Israel, o sistema Patriot passou por transformações e substituições depois do ataque do Irã, em represália a Israel por haver violado a soberania iraniana para assassinar, em Teerã, o chefe político do Hamas, Ismail Haniyeh, em julho de 2024. O sistema antiaéreo foi acrescido de variações a partir do mar e da terra que aumentaram excepcionalmente sua capacidade, constituindo o agora mundialmente famoso "Domo de Ferro".[4] No último ataque iraniano em reação aos ataques israelenses mirando as instalações nucleares do país vizinho, no conflito entre Israel e Irã batizado pelo presidente norte-americano Donald Trump como "Guerra dos 12 dias", o novo sistema teria, segundo o governo israelense, abatido 90% dos mísseis e drones.[5]

Fechado o parêntese.

---

4 Para detalhes sobre o sistema de defesa antiaérea israelense, ver, por exemplo, <https://oglobo.globo.com/mundo/noticia/2025/06/13/domo-de-ferro-arrow-c-dome-e-patriot-entenda-como-funciona-o-sistema-de-defesa-aerea-de-israel.ghtml>.

5 Quanto aos drones iranianos, Israel protestou por supostamente terem sido lançadas bombas que se espalham no solo. Ficam ativas e explodem, como acontece com as minas, quando pisadas. Minas são proibidas pelas desobedecidas Convenções Internacionais, sendo as crianças africanas as maiores vítimas delas. No jogo da propaganda de guerra, os dados reais somem, e muitos, com relação a armas e vítimas, passam a ser considerados "segredo de Estado". Do outro lado do front, por exemplo, o governo de Israel, quando inquirido se possui a chamada "bomba atômica", usa uma resposta padrão: "não confirma nem desmente".

* * *

As movimentações financeiras das indústrias são brutalmente atraentes e isso se reflete nos valores de suas ações negociadas nas principais bolsas de valores. Evidentemente, não é esse um fenômeno recente. No período entre 1965 a 1990, antes mesmo da Guerra do Golfo, iniciada em agosto de 1990, os números limitados aos três maiores adquirentes do período – Iraque, US$ 93 bilhões, Arábia Saudita, US$ 62 bilhões e Irã, US$ 51 bilhões – exibem a magnitude desse mercado.

Mas essas cifras empalidecem quando comparadas ao dinamismo atual. O caso de Israel, potência apenas de segundo time entre os produtores, ilustra bem isso. Em 2024, assunto muito comentado entre os *habitués* do Salão Internacional da Aeronáutica de Paris, o apelidado e supramencionado Show Aéreo de Paris, foi o levantamento realizado pelo jornalista Antony Loewenstein. Segundo Loewenstein, em 2023 apenas, a indústria armamentista israelense faturou US$ 13,1 bilhões em vendas. A capa do seu livro, intitulado *Laboratório Palestina*, tem subtítulo instigante: "Como Israel exporta tecnologia de ocupação para o mundo".

Um outro dado impressiona. Em 20 de janeiro de 2025, por intermediação do Catar, Egito e Estados Unidos, celebrou-se uma trégua inicial de 42 dias entre Israel e o Hamas para que fossem entregues 98 reféns judeus, os vivos e os espólios dos mortos, e libertados dos presídios israelenses cerca de mil condenados, salvo participantes do terrorismo de 7 de outubro.

Os especialistas calcularam a quantidade de explosivos empregados durante o período do ataque terrorista até o mencionado pacto de trégua: 70 mil toneladas de explosivos utilizados pelas forças militares de Israel. Com isso, cerca de 90% das residências de palestinos moradores na faixa geográfica de Gaza foram destruídas. Pelos cálculos, e a incluir as demais edificações não residenciais, como prédios públicos, mais de dez anos serão necessários para as remoções dos escombros.

Com esse dado, fica fácil imaginar os lucros da indústria bélica, que nunca atrasa suas entregas, qualquer que seja a demanda.

A fórmula de Vegécio e os pacifistas

A fórmula original de Vegécio dizia "*igitur qui desiderat pacem, praeparet bellum*" ("então, quem aspira à paz, prepare-se para a guerra").

O curioso é ter Vegécio, que, ressalte-se novamente, nunca foi militar, concebido fórmula jamais imaginada por marechais de campo ou generais combatentes, aqueles que estavam na linha de frente das guerras. A importância de Vegécio, no entanto, não se limitou à frase mundialmente conhecida. Vegécio escreveu sobre a arte da guerra, e essa obra levou o título de *Epitoma rei militaris* (Síntese de assuntos militares). Essa monografia está muito distante da prestigiosa obra *A arte da guerra*, escrita muito antes, no século V a.C., pelo estrategista militar chinês Sun Tzu. Entretanto, nenhuma frase do chinês aproxima-se, em prestígio, influência e difusão planetária, da de Vegécio.

Vegécio não caiu no esquecimento graças à importância histórica conquistada pelo imperador Teodósio I, o Grande. O interesse pelo grande imperador conduziu aos estudos sobre seu governo e seu corpo de servidores, dentre os quais Vegécio. Teodósio ocupou o trono até sua morte, desde então conquistando os pináculos da História e os altares das igrejas.[6] Vegécio, por seu turno, legou fórmula inspiradora, por séculos e séculos, de lucros estratosféricos para a indústria das armas. No entanto, enquanto, pelos seus feitos, o imperador receberia o epíteto laudatório (Teodósio I, o Grande), seu servidor nunca recebeu o devido reconhecimento pela indústria que, no futuro, indiretamente fomentaria. De fato, nenhum submarino de guerra, cruzador, revólver, tanque ou nem mesmo mero estande de tiro olímpico, jamais levou o nome de Vegécio como forma de homenagem.[7]

O próprio Vegécio, cuja fórmula foi desprezada por governantes de Estados nacionais ambiciosos, que, no sonho imperialista, partem para as guerras de conquista, não imaginava os acontecimentos futuros que, de maneira cruel e irônica, obedeceram seu preceito original. De fato, não há como negar que a preparação constante para a guerra alimentou não a paz, mas a cultura belicista, que se instalou de modo indelével e mantém o mundo como teatro constante de guerras.

---

6 Teodósio I foi canonizado não sem motivo. Ele firmou, em fevereiro de 380 d.C., o édito de Tessalônica, que impunha o cristianismo como única e obrigatória religião em todo o império romano. Notabilizou-se também pela ampliação da basílica de São Paulo, também chamada de Ostiense, até hoje a segunda maior de Roma.

7 Como fizeram os russos, por exemplo, que não esqueceram de Mikhail Kalashnikov, morto em dezembro de 2013, aos 94 anos de idade, o inventor da metralhadora mais versátil do mundo. A metralhadora sai da fábrica com seu nome, Kalashnikov. E, é claro, isso se aplica a um sem-número de outros casos clássicos, como corroborado pelos Colts, Smith & Wessons, Winchesters, Comblains ainda hoje produzidos.

Em contrapartida, na contramão do que foi propugnado por Vegécio, os pacifistas contemporâneos preferem a fórmula "se queres a paz, prepara-te para ela e construa uma cultura de paz". Os exemplos disso são muitos e ilustres. Em sua obra *O princípio da responsabilidade*, Hans Jonas, filósofo alemão de origem judaica, morto em 1993, afirmou ser imperativo, no respeito à vida humana, "atuar de maneira que as consequências da tua ação sejam compatíveis com a sobrevivência de uma autêntica vida humana na terra". Podemos recorrer a essa obra de Jonas, que versa sobre princípios de responsabilidade ética, para mostrar o quanto é frágil, no campo da deontologia, a colocação de Vegécio.

Mas Jonas está longe de ser o único a professar ideário semelhante. O próprio Weber, outro gigante alemão, ao abordar o tema da ética na política no final da Primeira Guerra em sua obra *Ciência e política: duas vocações*, apontou para a fundamental distinção, na vida política, entre a "ética dos princípios" e a "ética da responsabilidade", sendo que esta busca prever, valorar e sopesar as consequências do próprio agir. Com essa distinção, pretende-se reconhecer o relevo de ambas na definição de políticas que, de um lado, não sejam relativistas e, de outro, levem em consideração as consequências potenciais sobre a comunidade e seus componentes.[8] Finalmente, pode-se

8 Ainda com relação à obra *Ciência e política: duas vocações*, encaixados os ensinamentos éticos e estabelecendo, *ad argumentandum tantum*, uma correlação com o tema "mercado da morte", no que toca à paz armada,

buscar no estadista e pacifista indiano Mahatma Gandhi mais um exemplo destoante com o preceito de Vegécio. Desde 1909, já afirmava que a violência não pode ser destruída pela violência.

---

podemos afirmar que possuir armas para forçar uma paz armada não se mostra, à luz da ética da responsabilidade weberiana, uma conduta responsável e pacificadora, como o mundo real tem mostrado.

Traficantes de armas

Uma comédia cinematográfica, *Finche c'è la guerra, c'è la speranza* (Enquanto houver guerra, haverá esperança), com sutileza, mostrou como se movimentam e tramam os fabricantes de armas e munições, além de suas habilidades no uso de terceiros, a popular "mão de gato", por meio da figura do traficante.

Travestida, a produção de armamentos transformou-se num sucesso de bilheterias no ano de 1974. Envolveu, como protagonista, o célebre comediante italiano Alberto Sordi, no papel de traficante de armas.

Quando a paz imperava e os negócios minguavam, o traficante, pela boca de Sordi, encorajava o seu auxiliar, um tipo de Sancho Pança às avessas, com a certeira frase que dá título ao filme, "enquanto houver guerra, haverá esperança".

Como bem retratado pela comédia, os traficantes de armas movimentam um mercado paralelo, sob os panos da hipocrisia, do qual os fabricantes fingem não participar. Para usar uma gíria comum no Brasil, os integrantes das indústrias de defesa "fazem cara de paisagem". Ou, pelo princípio clássico do direito contratual, invocam o "*res inter alios acta, aliis neque nocet neque prodest*",[9] no sentido de que o modo como as armas vão parar em mãos erradas não é assunto da conta deles, mas das polícias.

Os traficantes de armas frequentemente atuam como testas de ferro para esconder interesses geopolíticos, geoestratégicos e geoeconômicos, de governos, de Estados expansionistas, imperialistas, fomentadores de conflitos. É incomum que um Estado assuma esse tipo de apoio contra uma potência, como fez Joe Biden (então presidente dos Estados Unidos) ao liberar para o conhecimento público o fato de haver vendido para as forças defensivas da Ucrânia mísseis de longo alcance, no caso os MGM-140, para atingir alvos em território russo.

Parêntese.

Convém, a respeito, recordar a Guerra Afegã-Soviética, de 1979 a 1989. Os mujahidins recebiam, sem custos, armas de traficantes, mas quem estava por trás disso, inclusive do financiamento, era a estadunidense CIA (Central Intelligence Agency).

Nesse período de guerra, destacou-se um combatente antissoviético: Osama bin Laden. Bin Laden não se expunha na linha de frente, cuidava de permanecer sempre bem protegido, mas, para as fotos de jornais, não deixava de apresentar-se com roupas de combatente e armado.

9 "Os atos dos contratantes não favorecem nem prejudicam a terceiros."

Segundo relatos da CIA, Bin Laden chegou a dar alguns tiros contra o inimigo soviético. Em combinação com a agência americana, ele fornecia parte do capital necessário para a compra de armas ofertadas por traficantes. À época, ele mantinha interesse convergente com os Estados Unidos, atuava como aliado da CIA e, reservadamente, acalentava o sonho de se tonar califa.

Fechado o parêntese.

O Grupo Carlyle é, aqui modelar: peso-pesado em investimentos bélicos, teve, desde 1965, a família Bin Laden em seu quadro dos acionistas: o terrorista Osama era da família e recebia participações. O conselho consultivo da Carlyle reuniu, após o fim de seus mandatos, nomes como o do ex-presidente George Herbert Walker Bush, do ex-secretário de Estado norte-americano James Baker e o de Sir John Major, ex-primeiro ministro do Reino Unido. Figurantes, "garotos propaganda" regiamente pagos para impressionar e expor uma imagem de seriedade.

A atuação do traficante de armas, frise-se mais uma vez, não está adstrita às guerras. Em seu portfólio de clientes, eles têm também as organizações criminosas terroristas, bem como aquelas de matriz mafiosa e as associações de delinquência dedicadas ao tráfico de drogas e de pessoas. Como se percebe facilmente, esses criminosos não têm ideologia nem predileções políticas. Não existem traficantes de armas de esquerda, de centro ou de direita. Para eles, só conta o lucro financeiro.

Traficantes de armas e munições realizam vendas a movimentos insurgentes, separatistas, rebeldes, a movimentos subversivos em geral. A moeda corrente é o dólar, mas, muitas vezes, em razão da riqueza regional, são aceitos diamantes, ouro ou prata. A ditadura militar do Myanmar, antiga Birmânia, por exemplo, sempre pagou armamentos com os seus diamantes.

Outro exemplo paradigmático é o Grupo Wagner, que hoje atua fortemente na África sob o nome fantasia Africa Corps, fiscaliza e controla minas e recebe em diamantes.

A mudança da razão social do Grupo Wagner se deu após o atrito de seu controlador e proprietário, o falecido Yevgeny Prigozhin, com o presidente russo Vladimir Putin. Ambos eram amigos de infância e juventude em São Petersburgo, onde nasceram. A amizade era tamanha que uma empresa alimentícia de Prigozhin era contratada pelo governo Putin para o fornecimento de refeições aos funcionários da burocracia russa.

Prigozhin desejava tomar o lugar do ministro da Defesa da Rússia. Criticava abertamente a atuação daquele na Guerra da Ucrânia e chegou a afirmar à imprensa que os generais russos só atrapalhavam os combatentes da Wagner. Por fim, organizou uma passeata de protesto em direção ao Kremlin. Isso irritou Putin. Logo depois, Prigozhin morreu em suspeito acidente aéreo – com digitais de Putin.

O grupo de mercenários Wagner vende, além de armas, segurança em áreas de mineração. Na África, o grupo está umbilicalmente conectado à Rosatom (em russo, Pocatom), a companhia estatal de Energia Nuclear da Federação Russa, que também se interessa pelo setor mineral e nuclear civil.

Os contratos das empresas de guerra, os chamados mercenários, com aqueles a quem prestam serviços são peculiares, sofisticados, bem pagos. Em todos os contratos celebrados, uma cláusula chama a atenção. É a cláusula sobre a sepultura, a ocorrer sempre no lugar do tombamento. Nada de traslado de corpo. Nos exércitos nacionais, os espólios dos soldados e oficiais, colocados em sacos, são entregues às famílias enlutadas. É comum a entrega de membros separados, corpos despedaçados. Mas, sendo possível, a família receberá o corpo. No caso de mercenários, o combatente morto não retorna.

Mães com filhos mortos em combate sempre se unem e organizam protestos com questionamentos sobre a necessidade da guerra. O sistema de propaganda do governo Putin, na tentativa de evitar contestações, apresenta a Guerra da Ucrânia como patriótica, e terceiriza parte de sua linha de frente com exércitos mercenários. A empresa do falecido Prigozhin, ainda sob o nome Grupo Wagner, foi contratada a peso de ouro pelo governo russo para a invasão da Ucrânia, continuando a fornecer contingentes posteriormente para a manutenção da guerra.

Parêntese.

Com a nova geoestratégia implementada em 2023, a Rússia aproximou-se da África e desenvolveu atuação por meio de dois pontas de lança, o general Yunus-beck Yevkurov, vice-ministro da Defesa, e o general Andrey Averyanov, supervisor da Africa Corps e ex-comandante do 61º Centro GRU (serviço de ações especiais).

Não foram sem causa, conforme apontou o Instituto Polonês de Relações Internacionais, as presenças dos supracitados generais na África, que ensejaram celebrações de acordos bilaterais com Argélia, Mali, Níger, Burkina Faso, República Centro-Africana e Líbia.

O apelidado "cinturão russo de segurança na África" promove venda de armas e é remunerado com cessões de direitos de exploração das minas ou outras reservas.

Fechado o parêntese.

O Mercador da Morte

O negócio da guerra está longe de ser monopolizado por Estados. O mercado clandestino de armamentos e munições é quase institucionalizado, e o tráfico hoje é globalizado e envolve uma rede de vendas em escala planetária. Atualmente, o maior número de traficantes de armas em atuação se encontra na África, que lida com seus diversos conflitos intestinos, mas há atuação em todos os continentes.

Da mesma forma, no Brasil, o Primeiro Comando da Capital (PCC), que já ascendeu ao patamar de organização mafiosa, e o Comando Vermelho (CV), ainda uma pré-máfia, evidentemente não adquirem armas e munições em casas comerciais. São grandes clientes de traficantes.

Quando da convenção das Nações Unidas sobre o crime organizado transnacional ocorrida no final do ano 2000, chamada de Convenção de Palermo, apresentou-se como o fenômeno mafioso já operava em rede planetária, sendo fácil plugar-se aos inúmeros pontos dessas redes, representados por fornecedores associados. Uma criminalidade sem fronteiras, com atuação reticular. Mas retrocedamos aos primórdios dessa atividade em grande escala para conhecer uma figura fundadora do tráfico de armas em larga escala.

Ao tempo da Guerra Fria, o principal traficante de armamentos de guerra chamava-se Sarkis Soghanalian.

Soghanalian, de ascendência armênia, nasceu na cidade de Iskenderun, na Turquia, e, como traficante pujante, ganhou o significativo apodo de "Mercador da Morte". Faleceu em outubro de 2011, nos Estados Unidos, depois de haver reatado com a CIA: além de traficante com atuação como intermediário, as suas memórias, as análises de situações internacionais e os velhos contatos sempre interessaram à CIA.

Durante anos, Soghanalian estivera ao lado da CIA na condição de testa de ferro. Cabia-lhe fornecer armamentos de maneira a encobrir o fornecimento direto pelos governos norte-americanos. Mas o "Mercador da Morte" rompeu com a agência quando – por dinheiro, jamais por ideologia – negociou armas para forças em conflito que contrariavam interesses geopolíticos, geoestratégicos e geoeconômicos dos Estados Unidos. Apenas como exemplo, ele vendeu helicópteros blindados para Saddam Hussein, à época ditador do Iraque.

Soghanalian atuou somente no tráfico de armamentos, mas, por causa dos negócios e permanentes entregas de munições, recebia informações políticas preciosas. Tomemos como exemplo o caso da Nicarágua. Depois de uma longa guerra civil decorrente da ditadura de Anastasio Somoza, o poder passou, em 17 de agosto de 1979, para a Frente Sandinista de Libertação Nacional (FSLN), de orientação marxista-leninista. A resistência aos sandinistas, formada pelos autointitulados "Contras", recebia armamentos e munições de

Sarkis Soghanalian.

Soghanalian. Os Contras eram apoiados pelos Estados Unidos e pela CIA e, por intermédio de Soghanalian, chegariam os armamentos e munições.

A Nicarágua só foi pacificada por acordo celebrado entre liberais e sandinistas, em 1997. Aí, Soghanalian saiu de cena e migrou para outros cantos do planeta, com a mesma filosofia de vendas exposta pelo personagem interpretado por Alberto Sordi em 1974: "enquanto houver guerras, haverá esperança".

O "Mercador da Morte" traficou pesadamente e amealhou fortunas pelas vendas em várias partes do mundo. Morreu com a fama de megatraficante, com atuação em diversas partes: Mauritânia (armou a ditadura de Sid Ahmed Taya), Nigéria (municiou a ditadura do corrupto general Sani Abacha, morto de overdose de ópio em 8 de junho de 1998), Angola (traficou aproveitando-se dos anos de guerra civil e a volta às armas pela Unita, Argélia (atuou até a edição da chamada "lei da concórdia civil", de 1999), Líbia (atendeu Muammar Gaddafi), e Sudão (traficou quando da invasão das forças militares de Uganda para a destruição de bases militares dos rebeldes do Exército de Resistência do Senhor (LRA), do ex-comandante Dominic Ongwen[10]).

---

10 O comandante Ongwen, depois de se entregar, acabou processado pelo Tribunal Penal Internacional (TPI), acusado de autorias de crimes de guerra e contra a humanidade. Ongwen ficou conhecido internacionalmente por comandar um exército de crianças, o que, na verdade, reproduzia sua própria trajetória de vida: ele mesmo fora raptado na infância e transformado em criança-soldado.

Soghanalian, falecido aos 82 anos, teve papel fundamental nas atividades clandestinas da CIA. Vendeu todo tipo de blindados, incluindo-se aviões e helicópteros. Quando o governo norte-americano não podia deixar suas digitais de apoio bélico, entravam as de Soghanalian. Certa vez, o traficante chegou a ser informado, durante negociação de armas de fogo, a respeito de preocupante derrame de dólares falsos nos Estados Unidos. Como precisava reatar com a CIA e voltar a ingressar livremente em territórios norte-americanos, aproveitou-se da privilegiada informação e a usou como moeda de troca.

As cédulas falsas eram impressas à perfeição. O papel tinha a mesma gramatura. Tudo muito igual ao do papel-moeda oficial, tanto que os cidadãos norte-americanos nunca perceberam e, por segurança, jamais foram informados. O volume do derrame não foi grande, mas foi intensa a preocupação do governo. Soghanalian, de posse da informação privilegiada, negociou com a CIA e informou o lugar onde as notas eram impressas no exterior. Tudo mediante uso de maquinário de impressão que os próprios Estados Unidos haviam doado a país aliado e que acabou em mãos inimigas. O casamento Soghanalian e CIA restabeleceu-se depois dessas certeiras informações.

A ausência radical de ideologia, o trânsito universal em meio a governos e nações dos mais diversos matizes, o pragmatismo frio e o mercantilismo curtido no mais extremado amoralismo, tudo isso faz de Soghanalian um patrono arquetípico dos mercadores da morte.

Senhores da guerra

A expressão é antiga, com étimo alemão: *Kriegsherr* (título atribuído a imperadores). Os "senhores da guerra", na Inglaterra, por influência alemã, são conhecidos pelo serviço de inteligência Secret Intelligence Service (SIS/MI6) pela expressão *warlord*. O termo teria sido empregado na China durante o caótico período de 1916 a 1926, quando estavam em cena as forças do Kuomintang e o general Chiang Kai-shek.

Contemporaneamente, a expressão "senhor da guerra" é universalmente empregada para identificar o líder de um grupo fortemente armado que controla um território dentro de um Estado caótico, de existência meramente formal, o que, na geopolítica, se denomina "Estado falido".

Os senhores da guerra ficaram bem conhecidos por sua atuação no Afeganistão durante a expulsão das tropas soviéticas. Posteriormente, voltaram a atuar no mesmo cenário ao se juntarem a americanos e ingleses após os ataques terroristas de 11 de setembro de 2001. Esses senhores da guerra apoiaram fortemente as tropas americanas e da Otan no combate às forças talibãs.

Mas sejam quais forem as bases (principalmente espalhadas pela África e Oriente Médio) desses comandantes militares, eles formam seus exércitos e os armam com material fornecido pelo tráfico. Como já ressaltado, muitas vezes o traficante é mero intermediário de agências de inteligência que, no interesse do Estado envolvido, arcam com os custos das armas fornecidas.

A onipresença e influência desses senhores da guerra são facilmente atestadas. A Somália, um Estado falido e em permanente guerra civil, vive um conflito sem fim iniciado em 1986, onde os senhores da guerra, com suas milícias, estão sempre fortemente armados. No Afeganistão, Ismail Khan recebeu o apelido de "Leão de Herat", nome da cidade sob seu controle; e Gulbuddin Hekmatyar, adquiriu o título de "Açougueiro de Cabul". A lista não esmorece e faz sentir sua presença mesmo no Ocidente.

No primeiro mês de 2025, um escândalo tomou conta da Itália: o governo de Giorgia Meloni ficou sob suspeita de ter descumprido abusivamente um mandado internacional de prisão expedido pelo Tribunal Penal Internacional (TPI) em 2 de outubro de 2022. O episódio foi denunciado à Corte Internacional de Justiça (CIJ), instalada no Palácio da Paz, em Haia, como notícia da prática de um ato ilegal pelo Estado italiano (a CIJ é competente para julgar atos de Estados nacionais, e não de pessoas como órgãos de governo ou chefes de Estado).

O caso escandaloso, um verdadeiro *pasticcio*, para usar uma expressão popular italiana, tratava-se de uma ordem de prisão para Osama al-Kuni Najeem, braço direito do potente senhor da guerra Abdel Rauf al-Kara, controlador de Trípoli, capital líbia. Osama al-Kuni Najeem, conhecido na Líbia pelo nome de guerra General al-Masri (o egípcio), é acusado de crimes contra a humanidade. Contra ele pesam, ainda, acusações de tortura, estupro de crianças presas e cerca de 34 homicídios. Al-Masri é membro da milícia Rada, comandada pelo já citado al-Kara. No Estado falido da Líbia, ele tem a gestão da polícia e do superlotado cárcere de Mitiga.

Para as Nações Unidas, segundo o Escritório de Direitos Humanos (OHCHR), a prisão de Mitiga, que tem o nome eufemístico de Instituto de Reforma e Reabilitação da Polícia Judiciária, é um local de torturas, prisões arbitrárias e depósito de migrantes que chegam para tentar ingresso na Europa (atenção!) via Itália.

O senhor da guerra Abdel Rauf al-Kara atuou na derrubada do ditador Muammar Gaddafi e, posteriormente, na contenção da tentativa de infiltração terrorista do Estado Islâmico (Isis).

Em 6 de janeiro de 2025, al-Masri chegou à Itália em um voo vindo de Trípoli, aterrissando no Aeroporto Internacional Leonardo da Vinci, em Fiumicino. Em seu périplo europeu, al-Masri esteve em Londres por sete dias, além de Bruxelas, Berlim e Munique. Quando estava na Alemanha, o TPI mudou o alerta de "atenção azul" para "vermelho", ou seja, de máxima atenção. A Itália foi comunicada do ingresso dele em seu território.

De volta à Itália, com entrada por Turim, foi preso em 21 de janeiro. Entretanto, no dia seguinte, 22 de janeiro de 2025, em um avião do governo italiano, foi transportado de volta a Trípoli. O ministro da Justiça italiano apontou um vício de formalidade no mandado, com datas erradas, mas não pediu confirmação ou retificação ao TPI. Por sua vez, o ministro do Interior, responsável pela segurança, entendeu ser caso de expulsão em avião oficial, uma espécie de "entrega a domicílio".

Pelas matérias jornalísticas e pelos inconformismos da oposição ao governo da primeira-ministra Meloni, tudo pareceu muito estranho, em especial a falta de comunicação do ministro da Justiça com o TPI, que, no próprio mandado, disponibilizava números de telefone para esclarecimentos 24 horas por dia.

Vale recordar que a estatal petrolífera italiana ENI explora poços na Líbia. O jornal italiano *La Stampa*, de Turim (onde al-Masri foi brevemente detido por dois dias), lembrou um antecedente importante: a prisão, em Nápoles, em julho de 2024, de Saddam Haftar, filho do senhor da guerra Khalifa Haftar. Apesar de um mandado de prisão expedido pela justiça da Espanha por tráfico internacional de armas, Saddam Haftar, custodiado em Nápoles, foi solto logo após o anúncio do fechamento do poço petrolífero de Sharara, na Líbia, controlado pela espanhola Repsol. A soltura resultou na imediata reabertura do poço de Sharara.

Khalifa Haftar tem influência na rica Cirenaica (a histórica Cirene). A Cirenaica, na costa oriental, possui as reservas petrolíferas, e entre ela e a pobre Trípoli, os interesses das petrolíferas mantêm um cordão sanitário separatista.

A mídia italiana também apontou o interesse de governos italianos em manter bom relacionamento com Trípoli, de onde organizações criminosas promovem o tráfico de imigrantes em travessia mediterrânea, com desembarque em pontos do Canal da Sicília. Durante o governo do primeiro-ministro Paolo Gentiloni (2016-2018), a Itália celebrou com a

Líbia um memorando de entendimento na tentativa de reduzir o tráfico de pessoas. No governo Meloni, houve uma redução do tráfico de imigrantes via Líbia para a Itália.

Numa apertada síntese, os senhores da guerra estão sempre prontos a colocar seus exércitos ao lado dos Estados que têm interesses comerciais coincidentes. O referido al-Masri é apontado como colaborador da CIA e da inteligência britânica (MI6).

Apesar do mandado internacional de prisão por crimes contra a humanidade expedido pelo TPI, al-Masri obteve dos Estados Unidos, em novembro de 2024, um visto de livre ingresso no país válido por dez anos. Esse visto está no passaporte usado por al-Masri, expedido pela República Dominicana.

Teocracias e rebeldes armados

A fórmula de Vegécio, presente na exortação "prepare-se para a guerra", não se restringiu aos Estados laicos. Estados teocráticos também se armam e, à luz de suas próprias doutrinas religiosas, acalentam o desejo, talvez pecaminoso, de alcançar o *status* de potências nucleares. Para disfarçar essa ambição, todos prometem utilizar a tecnologia nuclear para fins pacíficos.

Uma peculiaridade se destaca: o Irã, estado teocrático, islâmico e xiita, não contrata mercenários, mas realiza algo semelhante ao financiar, armar e treinar organizações terroristas. Nesse contexto, os dissensos religiosos parecem perder relevância. O Irã xiita fornece armas e apoio estratégico-financeiro ao Hamas, uma organização islâmica sunita. Na Síria, os aiatolás iranianos xiitas apoiaram e forneceram armas e estrategistas militares ao então governo ditatorial de Bashar al-Assad, pertencente à minoria religiosa alauita.

A religião alauita, considerada uma variante exotérica do xiismo, é vista com desconfiança pelos aiatolás iranianos, que abominam essa ramificação. Numa comparação com o cristianismo, seria como uma apostasia, sujeita a excomunhão. Vale frisar que os alauitas, minoria na Síria, ascenderam ao poder com o ditador Hafez al-Assad, que governou por trinta anos e passou o poder ao filho Bashar, um oftalmologista tão sanguinário quanto o pai.

Curiosamente, grupos rebeldes armados quase derrubaram a ditadura de Bashar em apenas doze dias. A pergunta que surge é: quem armou esses rebeldes? A resposta, embora complexa, aponta para Estados com interesses específicos e, como sempre, para o mercado ilícito de traficantes de armas.

Parêntese.

Em 2011, os ventos da Primavera Árabe sopraram na Síria. Um grupo de jovens grafitou paredes com apelos por liberdade, ousando, inclusive, profanar o busto de Hafez Assad. Este era o sanguinário chefe do clã que, após uma divisão no partido nacionalista Baath, assumiu o poder, controlando-o através da minoria religiosa alauita. Hafez Assad chegou ao governo por meio de um golpe, aproveitando-se da fragilidade síria após a derrota na Guerra dos Seis Dias. Com sua morte natural em 2000, o controle ditatorial passou para seu filho, Bashar, um doutor em oftalmologia formado por uma universidade londrina e, até então, distante da política.

Bashar respondeu aos anseios libertários da Primavera Árabe com violência, mandando prender e torturar os jovens. Acreditava que uma punição exemplar inibiria futuros revoltosos, mas interpretou erroneamente o momento. Ao desafiar o busto, símbolo da opressão, os jovens já haviam superado o medo da ditadura. Essa estupidez de Bashar desencadeou a guerra civil síria, que, com o auxílio da Rússia e do Irã, ele conseguiu controlar por anos.

Analistas internacionais apontam que os revoltosos perderam força ao se dividirem, abrindo brechas para a infiltração de fanáticos jihadistas da Al Qaeda e, posteriormente, do Estado Islâmico (Isis). As armas, munições e bombas desses grupos, como se sabe, são adquiridas no mercado informal. Segundo o Alto Comissariado das Nações Unidas, a pesada repressão durante a guerra civil resultou em mais de 90 mil mortes até 2013.

Para se manter no poder no período pós-guerra civil, Bashar al-Assad passou a depender cada vez mais fortemente da Rússia, responsável pela eliminação das frentes terroristas,

Exército iraquiano dispara contra posições do Estado Islâmico em Mosul.

e do Irã, que ofereceu apoio financeiro, estratégico-militar e o auxílio do braço armado do Hezbollah libanês. Essa repressão, com apoio russo, gerou cerca de meio milhão de mortos e forçou quase 7 milhões de sírios a deixarem o país, refugiando-se em diversas partes do mundo.

Contudo, a luta rebelde síria, iniciada com a frustrada Primavera Árabe, conseguiu se reorganizar e, unindo-se a curdos e nacionalistas, derrubou o ditador Bashar e pôs fim à dinastia dos Assad. O grupo rebelde HTS (Hayat Tahrir al-Sham), liderado por Abu Mohammed al Joulani (também conhecido como al-Jawlani), chegou a Damasco primeiro, forçando Bashar a fugir. Ele decolou de uma base militar russa na Síria, chegou a Moscou e obteve asilo político com o presidente Putin. O HTS, vale lembrar, é considerado pela ONU como um grupo terrorista que busca restaurar a antiga região do Levante árabe: Síria, Líbano, Israel, Palestina, Jordânia e a província de Hatay, na Turquia. Para os membros do Estado Islâmico, o HTS é uma organização traidora do jihadismo.

Outro ponto, antes de fechar o parêntese:

Em Damasco, sem encontrar resistência da gendarmeria de proteção a Bashar e das forças armadas, os rebeldes, em comemoração, apossaram-se das metralhadoras Kalashnikov (Bashar havia equipado sua guarda pessoal com armamentos adquiridos da Rússia) e realizaram disparos para o alto por um longo período. Como relatou Andrea Nicastro, correspondente do jornal italiano *Corriere della Sera* em Damasco, as calçadas e ruas ficaram cobertas de cápsulas das munições usadas na celebração.

Naquele momento, dois líderes mundiais, Vladimir Putin e Ali Khamenei, assistiram impotentes à queda do regime ditatorial sírio. Envolvido na guerra contra a Ucrânia, iniciada com a invasão russa em fevereiro de 2022, o presidente Vladimir Putin não conseguiu, durante os doze dias do movimento rebelde que derrubou o ditador Bashar em 7 de dezembro de 2024, deslocar suas forças bélicas para salvar a ditadura. Contentou-se, portanto, com o exílio dourado oferecido a Bashar em Moscou. A Síria, sob o prisma geoestratégico, representava a marca da presença russa no Mediterrâneo.

Outro perdedor foi Ali Khamenei, líder supremo iraniano. Os braços que sempre usou para guerrear e tentar conquistar posições no Oriente Médio – Hamas, Hezbollah e Houthis do Iêmen – enfraqueceram em face dos ataques de Israel. Depois que o Mossad demonstrou a debilidade interna na segurança dos aiatolás, Khamenei, doente e no fim da vida, passou a preocupar-se em ter o filho como seu sucessor.

Em suma, nem Putin, nem Khamenei, conseguiram manter Bashar no poder na Síria. No entanto, armas de todas as espécies e munições nunca faltaram, e a indústria bélica e os traficantes de armas lucraram.

Com base no ensinamento de Vegécio, o primeiro-ministro de Israel, Netanyahu, terá sempre argumentos para justificar o ataque à Síria, que foi efetivado logo após a queda de Bashar. A primeira fala do premier apoiou-se no risco de que as armas poderiam cair em mãos de terroristas: "*Si vis pacem, para bellum*".

Com sua potente força aérea, Israel destruiu paióis sírios e fábricas de armas químicas e de armazenamentos. Foram 480 os alvos imediatamente atingidos, destruindo cerca de 70% do poderio bélico sírio.

Fechado o parêntese.

Como já foi observado anteriormente, Estados teocráticos não desprezam as armas e, nisso, o Irã se destaca: imbuído de um ideal imperialista e de difusão de sua religião única no mundo árabe, considera as armas indispensáveis. Ao buscar o controle do Oriente Médio, aproveita-se de situações de beligerância regional para mascarar seus reais interesses expansionistas, como se observa em Gaza, no Iêmen e no Líbano. Essa estratégia, contudo, não escapa à percepção da Arábia Saudita e do Egito. Os chamados Acordos de Abraão com Israel representam, nos âmbitos da geopolítica e da geoestratégia, um freio às tentativas de expansionismo dos aiatolás.

Os Estados laicos e democráticos, por sua vez, armam-se ainda mais abertamente. Muitos negociam armas, munições e apetrechos, em resumo, importam e exportam igualmente a violência. O cardápio para exportações é variado e, para os cidadãos do mundo, sensíveis e pacíficos, tais ofertas exalam um forte odor de sangue.

Não raro, observa-se uma descarada esperteza no mercado exportador. Os Estados Unidos, por exemplo, frequentemente oferecem em doação a países pobres helicópteros obsoletos de suas guerras passadas. A tecnologia é sempre defasada, como no caso dos helicópteros utilizados no Vietnã, verdadeiros trastes que ocupariam espaço em hangares ou ferros-velhos nos Estados Unidos. Na hipótese de aceitação dessa doação embusteira, os norte-americanos garantem a venda de peças de reposição, assegurando a continuidade lucrativa do negócio para o doador.

O Brasil já caiu nesse "conto da velharia". Não foi doação, mas aquisição, em 1956, do primeiro e defasado porta-aviões batizado *Minas Gerais*, construído pelos britânicos em 1942. O cantor e compositor Juca Chaves, de pronto, lançou uma música satírica e percuciente, com a seguinte estrofe: "Brasil já vai à guerra, comprou porta-aviões. Um viva pra Inglaterra de 82 bilhões. Ahhhh! Mas que ladrões!".

Recentemente, o Brasil adquiriu, via Força Aérea Brasileira (FAB), aviões-caça suecos da empresa Saab – embora sem o traço de obsolescência evidente na compra do *Minas Gerais*, transação também milionária. Na sequência do negócio fechado, o então presidente Lula, com pompa e circunstância, inaugurou, na fábrica da Embraer (Empresa Brasileira de Aeronáutica), a linha de produção de quinze caças Gripen. Se vivo fosse, Vegécio certamente elogiaria o negócio realizado por Lula e, sem corar a face, destacaria, em seu discurso, a necessidade de o Brasil, como potência regional, prevenir-se contra ataques inimigos.

Inteligência satelital-eletrônica

Sempre com base no componente preventivo da fórmula de Vegécio, sedimentou-se, após a Segunda Guerra, a cultura da "paz armada".

Com a "paz armada", vieram as conquistas tecnológicas. O *upgrade* mais marcante refere-se à "inteligência satelital", integrada à "inteligência artificial" (IA).

As imagens geradas pela "inteligência satelital" abastecem as cerca de vinte agências americanas de espionagem e, também, as de repressão às drogas proibidas. Assim, por meio da "inteligência satelital", são espiados tanto os países inimigos quanto os amigos, ainda que indiretamente.

Imagens colhidas pelos Estados Unidos, detentores dos mais sofisticados sistemas, são primeiramente analisadas pelos serviços de inteligência satelital militar (GRU) e posteriormente empregadas na estruturação de ações concretas.[11]

11 Na Rússia, a inteligência satelital militar é conhecida por Spetsnaz-GRU, sigla que remete a Glavnoye Razvedyvatel'noye Upravlenie. Tanto na Rússia como em outros países, a sigla vem sendo usada para designar o serviço de inteligência militar nacional.

Por oposição, países ou organizações sem acesso a essa tecnologia, frequentemente apelam para ações camicases. Por exemplo: em razão dos pesados bombardeamentos israelenses e da desarticulação, em outubro de 2024, da antiga cúpula de governo do Hezbollah, a reação, além dos bombardeamentos na região da Galileia (norte), consistiu na intensificação dessas ações suicidas.

O líder do Hezbollah, Nain Qassem, 70 anos e cofundador da organização, desejava exibir um troféu de guerra em sua primeira manifestação pública como sucessor de Hassan Nasrallah, eliminado em bombardeio ocorrido em 27 de setembro de 2024, após mais de trinta anos de liderança. Qassem, entretanto, frustrou-se. O ataque camicase foi dirigido à famosa e temível Unidade 8.200 de Israel, especializada em espionagem eletrônica, sendo considerada a segunda melhor do mundo, perdendo apenas para a norte-americana NSA (National Security Agency – Agência de Segurança Nacional).

O caminhão utilizado para implodir a Unidade 8.200 de espionagem eletrônica chegou à rua onde ela se localiza, mas não se aproximou da sede: chocou-se com um ponto de ônibus, causando mortos e feridos. O motorista do caminhão matou-se. Todos os que esperavam o ônibus tinham idade avançada e aguardavam para retornar às suas casas, após participarem das homenagens, no primeiro aniversário, às 1.200 vítimas barbaramente massacradas em ação terrorista do Hamas, em 7 de outubro de 2023.

As supramencionadas agências de imagens satelitais e as de inteligência eletrônica são fontes informativas largamente utilizadas na denominada "propaganda de guerra".

Dados dessas agências frequentemente vazam. Para usar um jargão jornalístico europeu, ocorre "fuga de notícias". Entretanto, via de regra, tais vazamentos são voluntários e, evidentemente, chegam à imprensa no interesse da "propaganda de guerra". Um exemplo recente, de outubro de 2024, ajuda a entender melhor a "fuga de notícia" e a força da propaganda de guerra, nesse caso pró-Israel, e a revelar a vulnerabilidade da teocracia dos aiatolás iranianos.

Quando o serviço secreto de Israel matou, em 31 de julho de 2024, na capital iraniana Teerã, o chefe político e das relações exteriores do Hamas, Ismail Haniyeh, o Irã retaliou. As forças do Irã lançaram uma série de 180 drones em ataque a Israel. As imagens mostraram o fracasso da missão iraniana, e essa informação foi amplamente divulgada. Isso serviu para omitir um ponto importante: a fragilidade e ilegalidade da ação.

Vamos por partes. Haniyeh morava no Qatar, portanto, em segurança e longe da bombardeada faixa de Gaza. Ele compareceu, como convidado, à posse do novo presidente do Irã, o moderado Masoud Pazeshkian. Nessa posse, foi fotografado em uma cadeira próxima à de Geraldo Alckmin, vice-presidente e representante do Brasil. A lista de convidados para a posse foi capturada pelo serviço de espionagem de Israel, o Mossad. E, bem antes do envio dos convites, o Mossad já conhecia todos os nomes dos convidados oficiais.

Haniyeh hospedou-se em um hotel destinado pelo governo iraniano a visitantes ilustres. Após a posse, ao recolher-se, Haniyeh foi morto em uma explosão no quarto do hotel: uma ação preparada pelo Mossad. Israel não assumiu o atentado, mas as imagens, ressalte-se mais uma vez, circularam de modo a aproveitar, devido ao vacilo iraniano, a propaganda de guerra.

Atenção: pelo direito internacional, conhecido como direito das gentes, tal tipo de ataque implica violação à soberania do Estado nacional, ainda que temporariamente invadido por espiões. Refiro-me, aqui, ao ingresso de espiões israelenses, sem autorização, no território iraniano para matar, para assassinar uma das lideranças do Hamas.

A Carta Constitutiva das Nações Unidas, assinada em São Francisco em 26 de junho de 1945 e em vigor desde 24 de outubro do mesmo ano, assegura a soberania dos Estados-membros. Portanto, o ingresso de espiões em um Estado-membro da ONU configura violação de soberania. A teocracia iraniana, sem apresentar comprovações, denunciou que a agência de inteligência israelense, Mossad, estaria atuando clandestinamente em 48 países.

Parêntese.

Na verdade, os agentes se escondem de diversas maneiras. No Brasil, por exemplo, a Alemanha mantinha um agente secreto na área das drogas ilícitas. Esse agente da inteligência alemã colaborava e trocava informações sobre como a cocaína colombiana e peruana (a boliviana atendia ao mercado interno brasileiro) passava pelo corredor brasileiro e chegava à Alemanha.

Em seu cartão de visitas, constava que ele era proprietário de uma pequena editora de livros. De fato, ele mantinha uma editora, mas como fachada. A secretária era sua esposa, uma brasileira por quem ele se apaixonou e com quem se casou. Era um agente secreto "do bem", autorizado a residir no Brasil e em contato permanente com a Agência Brasileira de Inteligência (Abin) e a então Secretaria Nacional Antidrogas (Senad). Algo raro.

No Brasil, ficou comprovada também a atuação de espiões no interesse dos Estados Unidos. Eles agiam (agem?) sob cobertura da embaixada norte-americana em Brasília, sendo agentes de diferentes agências americanas de espionagem. Todos eles estavam, entretanto, registrados na burocracia brasileira como funcionários da embaixada americana – uma desculpa esfarrapada para camuflar espiões.

Esse fato grave, a violar a nossa soberania por meio de disfarces, foi comprovado. O documento foi publicado pela revista *Carta Capital*, em duas matérias de capa e matérias assinadas pelo repórter Bob Fernandes. O documento, denunciado à presidência da República, havia sido elaborado pela Secretaria Nacional de Políticas sobre Drogas e Gestão de Ativos (Senad) no governo Fernando Henrique Cardoso.

Fechado o parêntese.

Diante do assassinato de Haniyeh em Teerã, a represália do Irã, pela invasão do espaço aéreo por meio de 180 drones, contou com informações da inteligência militar iraniana.

Informações indicam que o sistema antimíssil de Israel, o Domo de Ferro, poderia ser vulnerável apenas em caso de concentração de drones ou mísseis, uma estratégia conhecida como "chuva de petardos". Essa técnica de concentração de drones e mísseis pode desestabilizar os computadores do Domo de Ferro, e o Irã conseguiu demonstrar que o sistema não é tão inviolável quanto se divulgava.

Aproximadamente dez mísseis ultrapassaram o Domo de Ferro e atingiram o território israelense, resultando em uma única fatalidade: um trabalhador palestino residente em Israel. Um dos mísseis atingiu uma base militar israelense localizada no deserto de Neguev, próximo à cidade de Arad (sul de Israel), causando apenas danos materiais. O local se tornou um ponto turístico.

Diante da "chuva de drones e mísseis", o primeiro-ministro Netanyahu prometeu e realizou uma retaliação contra bases militares iranianas. Informações sobre isso vazaram pela agência americana de inteligência satelital. As imagens satelitais mostravam os deslocamentos das aeronaves israelenses, evidenciando os tipos de ataques planejados e, pela direção calculada, a localização das bases militares iranianas. Nada, entretanto, confirmou a propaganda de guerra que sugeria, de forma confusa, ataques às bases nucleares ou às plataformas petrolíferas.

Em resumo, a agência satelital americana monitorava tanto o Irã, o inimigo, quanto Israel, o aliado.

Retorno, na sequência, ao tema da "paz armada", suavizada por Zelensky com a expressão "paz por meio da força". A fórmula de Vegécio ganhou um *plus*: o discurso da necessidade de armar-se para garantir a sobrevivência das nações e de seus povos. Assim, atualmente, planta-se uma tentativa de legitimação das políticas armamentistas baseada no direito natural.

Peça de artilharia do Domo de Ferro, em Israel.

DIREITO INTERNACIONAL PÚBLICO: PRIMEIRA VÍTIMA

Ao longo dos séculos, com o ingresso consentido de Estados soberanos na chamada comunidade internacional, compromissos precisaram ser disciplinados pelos Estados aderentes, visando estabelecer uma convivência organizada e pacífica.Essa regulação se dá por meio do direito internacional público, também conhecido como direito das gentes.

Nesse ponto, vale recordar uma advertência do jurista Francisco Rezek,[12] ex-ministro das Relações Exteriores e do Supremo Tribunal Federal: "No plano interno (Estado nacional soberano), a autoridade superior e o braço forte do Estado garantem a vigência da ordem jurídica. No plano internacional, não existe autoridade superior".

Daí, naturalmente, surgem os problemas. Frequentemente, o Estado nacional ignora compromissos internacionais assumidos anteriormente. E esses compromissos, em Estados democráticos, representam a vontade do Poder Executivo

12 Cf. "Introdução", em *Direito internacional público*. São Paulo: Saraiva, 1989, p.1.

ratificada pelo Poder Legislativo. Nenhum tratado ou convenção escapa à ratificação do Legislativo, que representa o povo. Como base típica para o direito das gentes, temos, por exemplo, a Carta Constitutiva das Nações Unidas, as convenções e os tratados internacionais, todos devidamente ratificados.

Devido às regras, tanto preventivas quanto proibitórias, o direito internacional público, infelizmente e paradoxalmente à sua vocação pacificadora, torna-se a primeira vítima em uma guerra ou conflito armado. Em outras palavras, o direito internacional público é, em geral, o primeiro a ser ignorado em um conflito armado ou guerra.

Até mesmo o conceito de legítima defesa costuma ser comprometido, em guerras e conflitos internacionais, pelo excesso reativo e ilegítimo, gerando desproporção entre ação e reação. Como sabem os estudiosos do direito, isso descaracteriza a legítima defesa e, consequentemente, a deslegitima.

Quanto aos excessos na legítima defesa, não há espaço para relativização, embora muitos Estados recorram às "artes de Procusto" em suas justificativas. Refiro-me àquele personagem da mitologia grega que assaltava viajantes na via Ática. As vítimas eram levadas para sua casa e torturadas em um leito adaptado: ele amputava pernas, braços e pescoço daqueles que não cabiam no "leito da morte" de Procusto, também conhecido como Damaste, ou estirava e rompia os músculos dos membros para que ocupassem todo o espaço da cama. Procusto foi, segundo a mitologia grega, morto por Teseu, o lendário rei de Atenas.

A expressão "artes de Procusto" entrou para o mundo do direito como referência a malabarismos jurídicos para sustentar o insustentável. Em tribunais que abandonam a independência e o compromisso constitucional de isenção, transformando-se em cortes políticas, as artes de Procusto se revelam a quem quiser ver.

No direito internacional, a descaracterização da legítima defesa leva à tipificação de crimes de guerra e de crimes contra a humanidade. Em tempos de paz, os códigos dos Estados nacionais ocidentais estabelecem risco zero aos cidadãos em operações de polícia de segurança pública. Para os tempos de guerra, o direito internacional adverte, de forma imperativa, que as forças em conflito não podem bombardear o inimigo quando houver risco de atingir civis inocentes. Essa proibição, contudo, é frequentemente desrespeitada.

É importante ressaltar que essa norma do direito internacional, que visa não colocar em risco civis inocentes não participantes de guerras e conflitos armados, é adotada pelas polícias de segurança pública em leis ordinárias e regulamentos disciplinares em diversos países ocidentais, incluindo o Brasil.

Parêntese.

No Brasil, um policial militar estadual no exercício da atividade de policiamento ostensivo em local de grande movimento de pessoas não pode sair disparando arma de fogo, mesmo que diante de situação de flagrante delito, com tentativa de fuga do suspeito. Isso, por evidente, colocaria em risco transeuntes inocentes. Ora, só policiais não educados para a legalidade democrática disparariam de modo a colocar em risco os cidadãos comuns.

Fechado parêntese.

Em uma guerra como a ocorrida na faixa de Gaza, a partir de 7 de outubro de 2023, o direito internacional proíbe que se ponha em risco a vida e a integridade física de palestinos inocentes, mesmo que estejam misturados a membros do Hamas ou sendo usados como escudos humanos. A questão dos bombardeios de hospitais, prevista em convenção da ONU, será analisada adiante.

Devido à morte de civis inocentes, Benjamin Netanyahu, chefe de governo de Israel e presidente do conselho de guerra do país, foi processado no Tribunal Penal Internacional (TPI). Mesmo ressaltando-se que Israel não reconhece a jurisdição internacional e não é signatário do Tratado de Roma, que criou o TPI, vale lembrar que, em novembro de 2024, o TPI determinou prisão preventiva a Netanyahu, ao ex-ministro da Defesa Yoav Gallant, a membros da cúpula do Hamas e ao seu líder militar Mohammed Deif, apelidado de "Fantasma" e dado como morto pelo exército israelense. Deif foi chefe e fundador das brigadas Ezzedini al Quassan.

Diante da pressão internacional, do terrorismo do Hamas e da reação inicialmente legítima de Israel, o próprio Tribunal Penal Internacional (TPI) anunciou, por meio de seu porta-voz e para surpresa dos operadores do direito internacional, a possibilidade de reconsiderar a decisão de impor prisões. A medida referia-se, evidentemente, a Netanyahu e Yoav Gallant, ex-opositor do premiê israelense no conselho de guerra, embora ambos sejam filiados ao partido político direitista Likud.

Outros três chefes do Hamas, igualmente com prisões cautelares impostas pelo TPI, faleceram, como Ismail Haniyeh, chefe de relações internacionais do Hamas, morto em um ataque espetacular em Teerã. A execução de Haniyeh representou uma clara violação do direito internacional, em particular das normas que protegem a soberania dos Estados.

Note-se que essa violação à soberania não pode ser justificada nem mesmo pelo fato de Haniyeh ter celebrado ruidosamente as 1.200 mortes e os 240 sequestros decorrentes dos atos terroristas do Hamas em 7 de outubro de 2023. A preparação do atentado contra Haniyeh por agentes secretos demonstra, mais uma vez, como o direito internacional frequentemente se torna a primeira vítima em situações de conflito.

Com a punibilidade extinta pela morte – *mors omnia solvit*, "a morte tudo apaga", como ensinavam os romanos –, a decisão cautelar de prisão do TPI, ao ignorar as mortes dos membros do Hamas, aparentou ser um mero jogo de cena, uma tentativa de sugerir equilíbrio e imparcialidade no tratamento dos sancionados.

O TPI imputa ao premiê israelense crimes de guerra e contra a humanidade, relacionados aos bombardeios que resultaram na morte de civis inocentes e à criação de obstáculos à passagem de ajuda humanitária, como alimentos e bens de primeira necessidade. Na comunidade internacional, a decisão do TPI em relação a Netanyahu e Gallant gerou polêmica. Na União Europeia (UE), a decisão foi considerada equivocada, mas com o alerta de que seria cumprida. A presidente da Comissão Europeia, a alemã Ursula von der Leyen, e 26 comissários não se pronunciaram oficialmente contra a decisão.

Nos Estados Unidos, a decisão cautelar do TPI foi considerada errônea pelo governo Biden (foi emitida durante sua presidência), que ordenou seu não cumprimento. A mesma orientação seria mantida em um eventual segundo mandato de Donald Trump. Os pareceres técnico-jurídicos justificam o não cumprimento sob o argumento de que os Estados Unidos não subscreveram o Tratado de Roma e, portanto, não aceitam a jurisdição e as ordens do TPI.

Alguns senadores republicanos, ao tomar conhecimento da ordem de prisão imposta a Netanyahu e ao ex-ministro da Defesa Gallant, propuseram sanções em território americano contra membros do TPI – um comportamento comum entre políticos republicanos, que frequentemente buscam demonstrar a força política dos Estados Unidos. Tal reação, por sinal, assemelha-se à promessa de represália contra Alexandre de Moraes, ministro do Supremo Tribunal Federal (STF), e às restrições e sanções pecuniárias impostas, com respaldo na legislação e sob o prisma da oportunidade e necessidade, ao empresário Elon Musk, da rede telemática X (ex-Twitter).

A decisão cautelar do TPI jamais levará Netanyahu e Gallant à prisão enquanto estes permanecerem em Israel. Da mesma forma, o presidente russo Vladimir Putin não será preso em decorrência de determinação similar. Em Israel, a indignação decorreu do fato de o TPI não ter considerado o ataque brutal do Hamas, que resultou na morte de 1.200 judeus. Ressalta-se que o Hamas tem como meta declarada a eliminação do Estado de Israel e do povo judeu. Embora o TPI não tenha negado o terror e os massacres perpetrados pelo Hamas, essa questão foi deixada em segundo plano.

O fulcro da decisão cautelar de prisão reside, como já destacado, nos bombardeios defensivos que resultaram na morte de civis inocentes e na criação de obstáculos à passagem de ajuda humanitária. É importante lembrar que o direito de um não anula o direito do outro: Israel tem o direito de se defender, mas as ações do Hamas não destituem os civis não participantes da guerra de seus direitos. As questões não devem ser confundidas.

No entanto, em Israel, até mesmo a oposição progressista ao governo de Netanyahu considerou incorreta a decisão cautelar (não de mérito) do TPI, e foi lembrado o erro judiciário por antissemitismo ocorrido no processo Alfred Dreyfus, na França.

Parêntese.

O processo Dreyfus, marcado por uma acusação de espionagem inventada, motivou Émile Zola a escrever

J'accuse, denunciando o erro judiciário e a plena inocência do condenado.

O capitão Dreyfus, um judeu de 35 anos do exército francês, foi condenado à prisão perpétua e permaneceu preso por cinco anos na Ilha do Diabo, em Caiena, na Guiana Francesa. O desumano presídio dessa inóspita ilha foi descrito pela primeira vez na obra literária de René Belbenoit, o famoso prisioneiro de número 46.635.

A obra, intitulada *Les Compagnons de la Belle* (traduzida no Brasil em 1958 e publicada pela José Olympio sob o título *A Ilha do Diabo, as memórias de um fugitivo de Caiena*), acabou sendo, segundo críticos literários, plagiada. O apontado plagiador foi o escritor francês Henri Charrière, sem registro oficial de passagem como prisioneiro por Caiena. Charrière nunca esteve custodiado naquele presídio, embora tenha afirmado o contrário, ressaltando a precariedade dos registros e o encobrimento de prisioneiros indesejados, enviados clandestinamente sem processos condenatórios.

Charrière não convenceria de seu aprisionamento na Ilha do Diabo nem mesmo os habituais embriagados do antigo bairro boêmio de Pigalle, o preferido do pintor Toulouse-Lautrec. O suposto plágio ocorreu por meio do livro *Papillon*, lançado na França e adaptado para o cinema em 1973, obtendo grande sucesso.

Fechado o parêntese.

Netanyahu e o ex-ministro da Defesa, Gallant, só serão presos por força de um mandado internacional de custódia cautelar se ingressarem no território de um dos 120 países signatários da Convenção de Roma e que aceitam a jurisdição do Tribunal Penal Internacional (TPI).

Retornarei ao tema em um tópico sobre as acusações de genocídio, sem olvidar a manifestação de Liliana Segre, senadora vitalícia italiana, escritora e autora de um livro de memórias que descreve sua deportação e as experiências sofridas no campo de concentração e extermínio de Auschwitz, na Polônia.

A senadora defende que não é correto falar em genocídio em Gaza, mas sim em crimes de guerra e contra a humanidade, diante do sofrimento das vítimas inocentes palestinas e israelenses. O TPI parece estar se orientando nessa direção.

Vale lembrar que o tema do genocídio foi levantado na Corte Internacional de Justiça (CIJ) em uma representação da África do Sul contra o Estado de Israel. Diferentemente do TPI, a CIJ julga Estados, e não indivíduos.

Quando do ataque terrorista do Hamas, o premiê Netanyahu completava quinze anos no poder em Israel, somando todos os seus mandatos. Diante do massacre de palestinos inocentes em Gaza, seus opositores o apelidaram de "Bibi, o Nero do Oriente Médio", em alusão ao imperador Nero. Lúcio Domício Enobarbo, o Nero (37-68 d.C.), ícone dentre os déspotas megalômanos

Para analistas e especialistas em geopolítica, Netanyahu, membro do partido Likud, mudou sua postura ao se aliar à direita radical, aos religiosos e aos supremacistas para retornar e se manter no governo. Obteve o apoio de extremistas conhecidos, como Itamar Ben-Gvir e Bezalel Smotrich. Esse grupo de apoio defende, por exemplo, a anexação da Cisjordânia palestina, argumentando que, em um passado distante, a região representava áreas da Samaria e da Judeia, terras do reino dos hebreus. Como se nota, essa desconexão com a realidade chega a extremos.

A faixa de Gaza após os ataques de Israel.

2
Espionagem

A espionagem em nossos dias

Embora a bisbilhotice possa ser criminosa, a espionagem, quando oficial, é geralmente apresentada como uma atividade de Estado, e não de governo. Assim, a espionagem oficializou-se sob o manto protetivo de constituições e leis. No Brasil, essa função é exercida pela Agência Brasileira de Inteligência (Abin).

Os espiões modernos atuam em poderosas agências de inteligência, como a Central Intelligence Agency (CIA). Na antiga Alemanha Oriental, a agência de inteligência era a Stasi, conhecida por sua eficiência. Na União Soviética, os espiões pertenciam ao Comitê de Segurança do Estado (KGB), dissolvido em 3 de dezembro de 1991 e substituído pelo Serviço de Segurança Federal (FSB).

Antes de se tornar espionagem de Estado, e, portanto, aparentemente legalizada, já era praticada, desde tempos imemoriais, a espionagem comum, com a busca e difusão de informações e contrainformações.

A respeito do uso ancestral de espiões, o falecido professor americano Walter Laqueur, um dos maiores estudiosos do terrorismo internacional, chegou a questionar, a respeito do famoso dito popular, qual seria a profissão mais antiga do mundo, se a prostituição ou a espionagem. Concluiu:

> Desde o primeiro dia em que os homens começaram a coletar informações sobre as potências e as intenções de clãs e tribos vizinhas, existiram os espiões e a arte, ou ciência, da espionagem. E, desde o início da coleta e análise de informações, surgiram críticas a respeito de sua utilidade e eficácia.[1]

Quanto à prostituição, Laqueur poderia ter acrescentado que a espionagem, ao longo da história, contou com espiãs ecléticas encarregadas de seduzir autoridades para coletar informações. A mais famosa, exótica e sedutora agente secreta da história foi a dançarina holandesa Margaretha Geertruida Zelle, a espiã conhecida como Mata Hari (também conhecida como Lady MacLeod), que atuou durante a Primeira Guerra Mundial.

Acusada de atuar como agente dupla, ora a favor do *kaiser* alemão, ora a serviço da contraespionagem francesa, Mata Hari foi fuzilada em outubro de 1917, proclamando sua inocência até o fim.

Cruzemos o Atlântico: no Brasil, os agentes de inteligência eram chamados de "arapongas", talvez por serem ruidosos demais, à semelhança da ave das florestas tropicais e subtropicais. Muitos ficaram conhecidos, apesar de serem

---

1 Cf. Walter Laqueur, *Un mondo di segreti: Impieghi e limiti dello spionaggio*. Milão: Rizzoli, 1986.

agentes secretos, por participarem de uma passeata ruidosa nas avenidas de Brasília, durante o segundo mandato do presidente Fernando Henrique Cardoso, reivindicando aumentos salariais.

Atualmente, os agentes de inteligência no Brasil são selecionados por meio de concursos públicos e recebem o título profissional de "oficiais de inteligência".

Quanto à real necessidade de existirem os serviços de inteligência, a resposta mais comum baseia-se em um ensinamento de Sun Tzu, chefe militar chinês e autor de *A arte da guerra*, escrito por volta de 450 a.C. Sun Tzu explicou: "Aquilo que permite ao imperador esclarecido vencer e realizar feitos que estão além do alcance dos seres humanos comuns são as informações oportunas".[2]

Analistas de inteligência ocidentais costumam usar um exemplo histórico para ilustrar a importância da informação: o caso do rei Pirro de Epiro. Argumentam que, se ele tivesse colhido dados mais precisos, talvez não tivesse sofrido o que hoje chamamos de "vitória de Pirro", ou seja, vencer as batalhas de 280 e 279 a.C. a um custo tão devastador que o ganho se tornou inútil. Essa noção deu origem à expressão "vitória pírrica" (ou batalha pírrica), comum hoje na política, nos negócios

2 Curiosidade: *A arte da guerra* atravessou os séculos, impactando incontáveis gerações. Sua leitura impressionou, por exemplo, o ditador chinês Mao Tsé-Tung, falecido em setembro de 1976 e ainda venerado pelos políticos do Partido Comunista da China. Parte da obra, dada sua importância, integrou o *Livro Vermelho* de Mao.

e até nos esportes, aplicando-se a empreitadas cujo sucesso aparente mascara um prejuízo real.

É importante notar, porém, que a profissão de espião, seja ele chamado de "oficial de inteligência" no Brasil ou por outros nomes, não é feita só de sucessos. Ela também é marcada por confusões, por vezes de proporções pantagruélicas. Como apontou o historiador Walter Laqueur,[3] a espionagem sempre foi uma atividade problemática, e inúmeros exemplos confirmam essa visão.

Um exemplo disso, dentre tantos, ocorreu em 2024, no contexto do conflito entre Israel e o Hezbollah libanês. Uma operação de inteligência israelense foi amplamente questionada por violar a soberania do Líbano, configurando uma ação proibida pelo direito internacional público e levantando a suspeita, em tese, de crime de guerra.

A cadeia de eventos que levou a essa operação teve início com uma revelação feita em discurso público por Hassan Nasrallah, então líder máximo do Hezbollah. Isso ocorreu bem antes de sua eliminação – consequência de um pesado bombardeio israelense contra o quartel-general (QG) do grupo em Beirute em 27 de setembro de 2024 –, mas a indiscrição pública foi o estopim.

Nasrallah, talvez por excesso de confiança, anunciou que seus combatentes (estimados em 60 mil) deixariam de usar celulares. O objetivo era evitar a localização via satélite por

---

3 Cf. Laqueur, op. cit.

Israel e, assim, impedir que suas operações fossem descobertas. Em substituição, informou Nasrallah, o grupo adotaria *pagers* e *walkie-talkies*, dispositivos que ele considerava não rastreáveis e, portanto, seguros para as comunicações oficiais do Hezbollah. Essa informação pública, contudo, foi um presente para a espionagem israelense. O Mossad agiu e conseguiu infiltrar explosivos, acionáveis remotamente, nos lotes desses aparelhos adquiridos pelo Hezbollah.

Permanece um segredo "guardado a sete chaves" o momento exato dessa adulteração: se os explosivos foram inseridos antes da entrega dos aparelhos pelo fabricante ao Hezbollah, ou se a infiltração ocorreu quando os dispositivos já estavam em posse do grupo, mas antes de serem distribuídos internamente pelos que o autor chama de "burocratas da tagarelice de Nasrallah".

Os dispositivos explosivos foram acionados simultaneamente. Embora o número exato não seja conhecido, o resultado foi um grande número de membros do Hezbollah mortos, mutilados ou gravemente feridos.

Segundo relatos da imprensa, as explosões também atingiram civis que estavam próximos aos militantes do Hezbollah portando os aparelhos. Nem o governo de Israel nem a direção do Mossad assumiram publicamente a autoria dessa operação letal. A justificativa difundida para essa recusa seria a de evitar a confissão formal de uma ofensa ao direito internacional público e a admissão da possível consumação de crimes de guerra.

* * *

Agentes de inteligência, os "007", como se diz, atuam por toda parte e nas mais diversas tarefas.

Um exemplo recente ocorreu em 16 de dezembro de 2024, no aeroporto Malpensa de Milão. Ali, em cumprimento a um mandado internacional de prisão expedido pelos Estados Unidos, foi detido o engenheiro eletrônico iraniano Mohammad Abedin Najafabadi, considerado um terrorista por todas as agências de inteligência norte-americanas.

A notícia da prisão foi rapidamente comunicada pela inteligência iraniana ao seu governo. Imediatamente, iniciou-se um plano para tentar sua liberação, com a participação ativa do serviço de espionagem do Irã.

O mandado de prisão norte-americano detalhava as atividades de Abedin. Segundo o documento, que se baseia na cooperação internacional via Interpol e Europol para ter validade em outros países, o engenheiro iraniano prestava suporte à Guarda Revolucionária Islâmica do Irã. Essa organização, conhecida internacionalmente como Pasdaran, foi fundada após a revolução de 1979, em 5 de maio daquele ano, com o objetivo de manter o regime teocrático e proteger seus líderes, em especial o Aiatolá Khamenei, o líder supremo.

Conforme a solicitação de extradição apresentada pelos Estados Unidos à Itália, o suporte fornecido por Abedin consistia na montagem de drones militares. O pedido afirma que Abedin, engenheiro eletrônico de formação, teria disponibilizado drones especiais à Guarda Revolucionária em janeiro de 2024. Ainda segundo a petição americana, esses drones utilizavam tecnologia dos Estados Unidos obtida por contrabando e foram empregados em ataques na Jordânia. Um desses artefatos teria matado três soldados americanos e deixado 38 jordanianos feridos. Vale notar que esses drones de guerra são projetados para explodir ao atingir o alvo ou mesmo se abatidos.

Apenas três dias após a prisão de Abedin em Milão, e enquanto os Estados Unidos pressionavam a Itália pela sua extradição, opondo-se, inclusive, à concessão de prisão domiciliar durante o processo, ocorreu outra detenção significativa, desta vez no Irã. A jornalista italiana Cecilia Sala foi presa em seu hotel na capital, Teerã. A prisão de Sala ocorreu no dia 19 de dezembro, no hotel onde estava hospedada, cujo endereço ela mesma havia comunicado previamente às autoridades iranianas, como parte dos procedimentos regulares.

É relevante notar que Sala estava legalmente no Irã, com visto e autorização para uma permanência de oito dias, durante os quais produziria reportagens para o jornal italiano *Il Foglio* e para a plataforma cultural *Chora Media*. Esta era sua segunda viagem profissional ao Irã. Sua experiência incluía coberturas anteriores no Afeganistão, após o retorno do Talibã ao poder, e em Kiev, capital ucraniana, durante ataques aéreos russos que atingiram alvos como escolas e abrigos.

Apesar de jovem, com apenas 29 anos, Sala já era uma jornalista experiente e reconhecida, tendo recebido o prestigioso prêmio Penna d'Oro, concedido pela Presidência da República Italiana.

Inicialmente, uma nota do Ministério da Cultura e Orientação Islâmica da "república teocrática iraniana" afirmou que Sala fora detida por "violação à lei islâmica". Contudo, esse tipo de imputação genérica contraria princípios do direito internacional, que exigem uma acusação formal detalhada, com descrição dos fatos e a correspondente tipificação legal. Trata-se, no fundo, de um requisito mínimo para o exercício do direito de defesa e o respeito à dignidade da pessoa. Posteriormente, a versão oficial mudou, e a questão passou para outro ministério. O porta-voz do Ministério das Relações Exteriores iraniano, Nasser Kanaani, informou apenas que a jornalista estava "sob investigação", sem especificar qual fato estava sendo apurado. Dessa forma, a acusação permaneceu vaga e misteriosa.

Uma investigação que leva à prisão cautelar sem a apresentação de um fato determinado configura puro arbítrio. E essa prática, infelizmente, parece ser comum no "governo dos aiatolás", como ocorreu no caso do sociólogo francês mencionado adiante, que frequentemente utiliza prisioneiros, por vezes inocentes, como moeda de troca.

Isso nos leva a suspeitar do jogo sujo iraniano nesse caso: usar a jornalista Sala como peça de negociação para tentar a libertação do iraniano Mohammad Abedin Najafabadi, cuja extradição era solicitada.

Oficialmente, porém, o porta-voz iraniano negou qualquer correlação entre a prisão de Sala e a detenção de Abedin na Itália.

Vale repetir: a jornalista foi presa apenas três dias depois de Abedin. "Pura coincidência", segundo a versão oficial iraniana.

O alerta norte-americano à Itália sobre o risco de fuga de Abedin, com a recomendação expressa contra a concessão de prisão domiciliar, tinha um precedente preocupante: uma ação espetacular atribuída aos serviços de inteligência russos.

No ano anterior, 2023, o empresário russo Artem Uss, acusado pelos Estados Unidos de ser traficante de armas, também havia sido preso em um aeroporto italiano com base em um mandado de prisão internacional norte-americano. Contrariando as expectativas americanas, a Justiça italiana concedeu a Uss o benefício da prisão domiciliar, com tornozeleira eletrônica, enquanto aguardava a decisão sobre sua extradição.

Segundo relatos da época, a inteligência russa teria orquestrado a fuga de Uss, que desapareceu e nunca mais foi encontrado. As acusações americanas (reforçadas pela CIA) envolviam o tráfico de armas, mencionando-se inclusive possíveis vendas destinadas à guerra na Ucrânia, talvez por meio de empresas ligadas aos mercenários do Grupo Wagner.

Citei intencionalmente esses exemplos para demonstrar como os serviços de espionagem podem ser ágeis, "antenados" e, não raro, dispostos a violar leis nacionais e internacionais para auxiliar seus respectivos Estados em jogos sujos.

O caso da jornalista Cecilia Sala, nesse contexto, está longe de ser único. Há vários antecedentes envolvendo prisões que parecem servir a outros propósitos, especialmente (embora não exclusivamente) por parte do governo dos aiatolás. A imagem internacional do Irã, aliás, já é marcada pela desconfiança devido ao seu conhecido financiamento e apoio a grupos aliados como o Hamas (Gaza), o Hezbollah (Líbano), os Houthis (Iêmen), e diversas facções jihadistas na Palestina e no Iraque. A contar, ainda, as antigas forças subversivas da aliada Síria, que sucumbiram com a derrubada ditadura do sanguinário Bashar al-Assad.

Antecedente é encontrado com o caso do sociólogo francês Roland Marchal. Em 2019, ele foi preso pela Guarda Revolucionária (Pasdaran) ao desembarcar no aeroporto de Teerã, sem qualquer acusação formal. Seu objetivo na capital iraniana era simplesmente visitar um amigo e fazer turismo.

Assim como a jornalista Sala posteriormente, Marchal foi levado para o tenebroso presídio de Evin, onde enfrentou condições descritas como de severa privação e afronta à dignidade humana.

Naquela época, a França mantinha detido um engenheiro iraniano, Jalal Rohollahnejad, cuja extradição era solicitada pelos Estados Unidos. O sociólogo Roland Marchal, acadêmico especializado em África, permaneceu preso por nove meses. Sua libertação e retorno a Paris só ocorreram após um acordo entre os governos francês e iraniano para uma troca de prisioneiros.

A jornalista Cecilia Sala, por sua vez, teve um desfecho mais rápido. Foi liberada e retornou à Itália em 8 de janeiro de 2025, após permanecer vinte dias detida.

Durante esse período, a inteligência italiana manteve interlocução com seus homólogos iranianos, informando a diplomacia sobre possíveis pontos de abertura para um acordo que levasse à soltura.

Atenção: a atuação da inteligência italiana, neste e em outros casos, pauta-se por um princípio fundamental da política externa do país, com raízes na Constituição de 1948 (ainda em vigor). Trata-se de uma regra que todo cidadão italiano conhece: "A Itália nunca deixa seus cidadãos desamparados" ("*L'Italia non lascia mai indietro nessuno*"). Esse princípio confere legitimidade às negociações, levando tanto a diplomacia quanto os serviços de inteligência a buscar ativamente canais de contato e negociação.

Em contraste, a política do Reino Unido é diferente. O governo britânico usualmente não negocia com Estados ou grupos que prendem cidadãos britânicos no exterior em circunstâncias que configurem tomada de reféns, ou seja, quando a detenção é considerada abusiva e utilizada para fins políticos.

Mossad e Shin Bet: convenção e *apartheid*

A agência de inteligência externa e operações especiais de Israel tem como nome completo HaMossad leModi'in uleTafkidim Meyuhadim, mas é conhecida internacionalmente apenas como Mossad. A agência iniciou suas operações oficialmente em 1º de abril de 1951. Seu idealizador e fundador foi David Ben-Gurion, o primeiro chefe de governo do recém-criado Estado de Israel.

O Mossad é considerado uma das mais eficientes e temidas agências de inteligência e operações especiais do mundo. Uma de suas ações mais recentes e espetaculares, ocorrida em 2024, gerou controvérsia por violar o direito internacional. Refiro-me à operação, já mencionada anteriormente, dos *pagers* e *walkie-talkies* explosivos no Líbano. Alguns juristas e observadores independentes apontaram os "danos colaterais excessivos" a civis, que não eram integrantes nem simpatizantes do Hezbollah, como uma grave violação.

Além dessa, outras tantas operações famosas marcam a história do Mossad, frequentemente lembradas no mundo dos 007 da inteligência e retratadas em produções cinematográficas.

Muitas dessas ações envolveram altos riscos de descoberta e retaliação, cujo suspense naturalmente atraiu o interesse do cinema.

A agência passou por profundas reformulações, tanto administrativas quanto operacionais, a partir de março de 1996, durante o governo de Shimon Peres. A principal motivação para essas mudanças foi o traumático assassinato do então primeiro-ministro Yitzhak Rabin, ocorrido em 4 de novembro de 1995. Rabin, figura central nos Acordos de Oslo firmados com Yasser Arafat, líder da Organização para a Libertação da Palestina (OLP), foi morto por Yigal Amir, um extremista judeu de direita. A falha em prevenir o assassinato expôs fragilidades na estrutura de segurança israelense. Na época, o Mossad atuava como uma agência única, acumulando responsabilidades que hoje são divididas: inteligência interna (atualmente principal função do Shin Bet), espionagem externa e operações especiais. Essa concentração de tarefas pode ter contribuído para a brecha que permitiu o atentado.

Isso contrasta fortemente com as origens do Mossad. Em seus primórdios, a agência nasceu com um escopo limitadíssimo. Sua tarefa inicial concentrava-se em localizar criminosos nazistas foragidos, considerados corresponsáveis pela *Shoah* (o Holocausto), que vitimou seis milhões de judeus.

Parêntese.

Optei por usar o termo específico *Shoah* para o Holocausto judaico porque é fundamental reconhecer que outros genocídios também marcaram a história, cada um com sua designação própria.

- Genocídio Armênio: Durante a Primeira Guerra Mundial, ocorreu o *Medz Yeghern* (o "Grande Mal"), o genocídio dos armênios perpetrado pelas forças do Império Turco Otomano. As estimativas do número de vítimas variam entre 800 mil e 1,8 milhão. A perseguição sistemática teve um marco inicial simbólico na detenção e execução de centenas de intelectuais armênios em Constantinopla, em abril de 1915.
- Holodomor: Na Ucrânia Soviética, sob o regime de Stálin, ocorreu o Holodomor ("morte pela fome"), um genocídio por inanição forçada que vitimou entre 3,3 milhões e 7,5 milhões de ucranianos (estimativas variam).
- Porajmos: O genocídio do povo Romani (que inclui os grupos Sinti e Roma, entre outros, frequentemente referidos pelo termo genérico e por vezes pejorativo "ciganos") durante o regime nazista é conhecido como Porajmos ("a Devoração"). O número de mortos é estimado entre 220 mil e 500 mil.

Fechado o parêntese.

Já em 1957, espiões do Mossad obtiveram informações cruciais sobre Adolf Eichmann, ex-oficial da SS nazista e uma figura-chave na logística da Shoah. As informações indicavam sua presença na Argentina, vivendo sob nova identidade (Ricardo Klement) e já integrado à rotina local.

A bem-sucedida e audaciosa operação de captura foi concluída em 21 de maio de 1960. Realizada clandestinamente, sem o conhecimento ou consentimento do governo argentino, a ação refletia a suspeita, existente na época, de que setores do poder na Argentina poderiam ser coniventes com fugitivos nazistas de alto escalão.

O agente Rafi Eitan foi o comandante da equipe do Mossad responsável pela captura e pelo transporte secreto de Eichmann para Israel. Lá, após um julgamento histórico, Eichmann foi condenado à morte por crimes contra o povo judeu e crimes contra a humanidade.

Um episódio marcante, relatado pelo próprio Rafi Eitan, ocorreu momentos antes da execução de Eichmann por enforcamento. Durante uma visita à cela, travou-se o seguinte diálogo:

Eichmann: "O teu dia também chegará, judeu."

Eitan: "Pura verdade, mas não será hoje, Adolf."

Após a execução, seguindo ordens diretas do então primeiro-ministro David Ben-Gurion, o corpo de Eichmann foi cremado em um forno construído especificamente para esse fim na prisão. Suas cinzas foram dispersadas sobre o mar Mediterrâneo, fora das águas territoriais israelenses. A justificativa de Ben-Gurion foi clara: evitar que "esse monstro não se transformasse numa figura de culto para os cultivadores da ideologia nazista".

Essa preocupação em evitar que túmulos se tornem locais de veneração para radicais e fanáticos ecoou anos depois na decisão do então presidente dos Estados Unidos, Barack Obama, de determinar que o corpo de Osama bin Laden, líder da Al-Qaeda, fosse sepultado no mar após sua morte em 2011.

Bin Laden, figura que, como foi dito anteriormente, já fora indiretamente apoiado pelos Estados Unidos (fora aliado da CIA no contexto da luta contra a ocupação soviética no Afeganistão), foi o mentor dos ataques de 11 de setembro de 2001. Como se sabe, naquela data trágica, quatro aviões comerciais foram sequestrados por extremistas islâmicos; dois atingiram as Torres Gêmeas em Nova York, um o Pentágono, em Washington, e o quarto caiu na Pensilvânia.

A lógica por trás dessas decisões é que um corpo enterrado em local conhecido pode sempre ser exumado ou o local de sepultamento pode virar ponto de peregrinação. Com esse mesmo fim, o paradeiro exato do corpo do ditador romeno Nicolae Ceaușescu, executado durante a revolução de 1989, foi mantido em segredo por muitos anos, justamente para evitar tal situação.[4]

Na Itália, porém, a abordagem foi diferente. Os restos mortais de Benito Mussolini, ditador e criador do fascismo, repousam em um túmulo familiar no cemitério de San Cassiano, em

4 Seu corpo foi posteriormente exumado e reenterrado, mas a intenção inicial era o segredo.

sua cidade natal, Predappio. A cripta é um conhecido ponto de encontro de neofascistas.

Retornando ao julgamento de Eichmann em Jerusalém: o evento foi acompanhado de perto pela filósofa Hannah Arendt, de origem judaica, embora pessoalmente descrita como secular ou ateia. Foi Arendt, que preferia ser identificada como "teórica política", quem cunhou a célebre expressão "a banalidade do mal" ao analisar o caso Eichmann e a natureza da Shoah.

Arendt conhecia profundamente o horror nazista. Em 1941, conseguiu escapar da Europa ocupada (após fugir da Alemanha anos antes) e chegar aos Estados Unidos, onde viveu inicialmente como refugiada apátrida. Em sua obra *Nós, refugiados* (1943), ela descreve a dor do exílio e a perda de parentes e amigos em campos de concentração e guetos, como o de Varsóvia, palco do heroico Levante de 1943 contra a ocupação nazista.

Embora reconhecesse a culpa de Eichmann, Arendt levantou questões sobre a adequação legal de o julgamento ocorrer em Jerusalém, sob jurisdição israelense, em vez de um tribunal internacional. Sua crítica não era sobre a veracidade das atrocidades (o extermínio de seis milhões de judeus), mas sobre a forma e o foro do julgamento, temendo que se desviasse dos princípios da justiça universal em favor de um acerto de contas nacional. Essa visão gerou polêmica.

Arendt cobriu o julgamento como correspondente especial da revista *The New Yorker*. Naquela época, ela já era cidadã americana, após um longo período como apátrida, e lecionava com grande prestígio em universidades dos Estados Unidos.

Em sua análise como teórica política, Arendt retratou Eichmann não como um monstro ideológico fanático, mas como um "arrivista desumano", um burocrata medíocre "de cabeça desmobilada" de valores éticos, cuja principal característica era a incapacidade de pensar criticamente e a obediência cega às ordens. Essa "banalidade", essa normalidade assustadora de quem cometeu atos terríveis sem profunda reflexão moral, era, para ela, mais chocante que a monstruosidade explícita. Eichmann era visto como uma peça relativamente pequena, embora funcionalmente essencial, na vasta engrenagem da máquina de extermínio nazista.

Entretanto, além da captura de Eichmann, outras operações notórias do Mossad repercutiram nos serviços de inteligência globais e, por vezes, no imaginário popular:

- Operação Entebbe (1976): O resgate espetacular de mais de cem reféns (a maioria israelenses) de um voo da Air France sequestrado para Entebbe, Uganda. A operação militar, realizada a milhares de quilômetros de Israel, tornou-se lendária e inspirou diversos filmes.
- Operação Cólera de Deus: A longa e secreta campanha de assassinato seletivo contra os membros do grupo palestino Setembro Negro, responsabilizados pelo massacre de onze atletas israelenses durante os Jogos Olímpicos de Munique em 1972.

- Coleta de informações sobre Hafez al-Assad: Uma operação peculiar envolveu a coleta de uma amostra de urina do ditador sírio Hafez al-Assad (o "Leão de Damasco", falecido em junho de 2000) durante uma visita sua à Jordânia. Segundo relatos, um recipiente coletor foi discretamente instalado no vaso sanitário usado por Assad, permitindo a obtenção da amostra sem que ele percebesse. Os exames laboratoriais subsequentes teriam revelado que Assad, considerado um inimigo por Israel (e por parte do próprio povo sírio não alauita), sofria de câncer avançado e diabetes, indicando que sua saúde estava em estágio terminal – uma informação de alto valor estratégico.

Atenção: um ponto crucial sobre a espionagem moderna, quando se torna "chapa branca" (ou seja, uma agência oficial do Estado), é que muitas de suas ações mais drásticas, como homicídios seletivos, perpetrados pelos seus agentes, bem como violações da soberania de outras nações, tendem a permanecer nas sombras. Frequentemente, as investigações oficiais, quando existem, são convenientemente concluídas com o registro de "autoria desconhecida".

Esse véu de negação, no entanto, não encobriu o caso de Khalil al-Wazir, mais conhecido por seu nome de guerra, Abu Jihad. Ele era considerado o braço direito de Yasser Arafat e o número dois na hierarquia da Organização para a Libertação da Palestina (OLP).

Abu Jihad vivia exilado na Tunísia, onde se deslocava, segundo relatos, em uma luxuosa Mercedes-Benz zero km, supostamente um presente de aniversário de Arafat.

Agentes do Mossad localizaram sua residência em Túnis, infiltraram-se para instalar dispositivos de escuta e monitoraram seus movimentos. Quando a ordem de execução foi dada, em abril de 1988, a inteligência indicava que a esposa e o filho de Abu Jihad dormiam no andar superior, enquanto ele se encontrava em seu escritório no térreo. Uma equipe de operações especiais israelenses (possivelmente Sayeret Matkal, com apoio do Mossad) invadiu a casa silenciosamente. Abu Jihad foi morto a tiros, sem chance de reação, atingido por disparos de armas com silenciadores – registrados em relatórios como dois no peito e dois na cabeça.

Embora se suspeitasse amplamente da autoria israelense desde o início, Israel afinal reconheceu oficialmente sua responsabilidade pelo assassinato, em 2012.

Outra operação do Mossad, esta marcada pelo fracasso e mantida a sete chaves por muito tempo, teve como alvo o famoso terrorista internacional conhecido como Carlos, o "Chacal". A ação teria sido planejada com base em informações de um agente infiltrado.

The Jackal (o Chacal) foi, durante décadas, um dos terroristas mais procurados e notórios do mundo, conhecido por suas ações audaciosas e espetaculares. Sua fama, nesse aspecto, só foi talvez superada pela de Osama bin Laden após os ataques de 11 de setembro.

Nascido na Venezuela em 1949 como Ilich Ramírez Sánchez, o Chacal tornou-se uma figura proeminente ligada à Frente Popular para a Libertação da Palestina (FPLP) e esteve envolvido em diversas ações violentas, ganhando notoriedade após o período do massacre de Munique em 1972 (embora sua ligação direta com aquele ato específico seja debatida, ele atuou intensamente na sequência).

Carlos, o "Chacal".

A operação fracassada do Mossad ocorreu em Paris. Agindo sem comunicar ou coordenar com as autoridades francesas, numa aparente tentativa de ficar com os louros da captura ou eliminação do alvo, agentes israelenses localizaram e invadiram o apartamento onde Carlos se encontrava. Conseguiram dominá-lo inicialmente. No entanto, segundo a versão que circulou, quando Carlos, já rendido, pediu permissão para pegar um paletó próximo antes de ser levado, ele aproveitou a oportunidade. Escondida sob a peça de roupa estaria uma arma automática. Em segundos, ele teria aberto fogo, matando os agentes do Mossad e escapando ileso do local.

Carlos, o Chacal, seria por fim capturado no Sudão, em 1994, e entregue à França. Lá, foi condenado à prisão perpétua por múltiplos atos terroristas que resultaram em dezenas de mortes e centenas de feridos ao longo dos anos. O episódio desastroso em Paris, atribuído ao egoísmo do Mossad, causou um sério rompimento nas relações entre os serviços secretos de Israel e da França, que perdurou por anos.

Outro ponto a ser analisado é o Shin Bet, a agência de inteligência interna israelense. Esta é a segunda principal agência de espionagem do país, atuando em Israel e nos territórios ocupados ou naqueles que, embora desocupados, permanecem sob bloqueio, como é o caso da Faixa de Gaza. Trata-se de uma agência de inteligência interna que não concorre com o Mossad. Entre essas agências, existem trocas de informações, mas não rivalidade ou concorrência.

O dirigente do Shin Bet à época do ataque terrorista do Hamas, em 7 de outubro de 2023, era Ronen Bar. A agência viu-se desmoralizada por não ter alertado sobre a ofensiva. Isso, contudo, não exime a responsabilidade do primeiro-ministro Benjamin Netanyahu, cujas ordens resultaram em alterações de metas e no remanejamento de forças. Nem Netanyahu nem Ronen Bar suspeitaram de movimentações na fronteira com a Faixa de Gaza, apesar dos alertas do Exército sobre atividades incomuns. Agravando a situação, tropas militares foram deslocadas dessa fronteira para a Cisjordânia ocupada.

Com vigilância e efetivo mínimos por parte de Israel, ocorreu então o ataque perpetrado pelo Hamas em território israelense. O resultado foi de aproximadamente 1.200 israelenses (predominantemente judeus) barbaramente assassinados. Algumas mulheres foram estupradas antes do assassinato, e cerca de 240 pessoas sequestradas, feitas reféns. Após o acordo de troca de prisioneiros de novembro de 2023, o número de reféns em poder do Hamas foi reduzido para cerca de 133.

Nem mesmo a complexa e bem construída rede de túneis do Hamas na Faixa de Gaza conseguiu levantar suspeitas por parte do Shin Bet. O planejamento e a execução dessa rede de túneis ficaram a cargo de um conhecido empreiteiro da cidade de Khan Younis, no sul da Faixa de Gaza, próxima ao mar Mediterrâneo.

Esse planejador e executor era irmão de Yahya Sinwar, comandante militar e líder do Hamas em Gaza. Ambos nasceram em Khan Younis. Devido ao bloqueio imposto por Israel a Gaza, que incluía restrições marítimas, todo o material para a construção dos túneis ingressou pela fronteira com o Egito.

Segundo a inteligência militar das Forças de Defesa de Israel (IDF), o escritório de Sinwar, antes do início da guerra, localizava-se num túnel sob um importante hospital em Gaza. Contudo, embora essa informação tenha sido confirmada pelo primeiro-ministro Netanyahu, nenhuma prova conclusiva foi apresentada, levantando a possibilidade de se tratar de propaganda de guerra. Presumivelmente, tratar-se-ia do Hospital Al-Ahli Arab, que foi atingido por uma explosão em outubro de 2023. O número de vítimas no local foi objeto de controvérsia, com fontes palestinas relatando milhares de mortos.

Mais uma vez, constata-se aí violação de preceito legal: o Direito Internacional proíbe, como regra, o bombardeio de hospitais e enfermarias em zonas de guerra, existindo um procedimento de evacuação obrigatório. Isso explicaria, caso a presença de infraestrutura militar sob o hospital fosse confirmada por fontes idôneas, a escolha de construir um túnel sob tal edificação, visando a sua proteção.

Parêntese.

Os horrores das duas Grandes Guerras Mundiais (1914-1918 e 1939-1945) impulsionaram, com a Organização das Nações Unidas (ONU) recém-criada, a celebração das Convenções de Genebra.

As duas primeiras das quatro Convenções existentes dedicaram-se à tutela, em tempo de guerra ou situação análoga, de pessoas doentes e feridas. Assim, surgiu no Direito Internacional Público a proteção a hospitais, médicos e paramédicos.

Essa proteção estendeu-se, ainda, às estruturas sanitárias móveis, como ambulâncias, tendas de enfermagem e veículos com essa finalidade. As Convenções também asseguraram amparo aos militares feridos, quer estivessem em hospitais ou em outras estruturas médicas sanitárias, incluindo tendas de campanha destinadas a enfermarias, bem como aos médicos e ao corpo auxiliar que ali atuassem.

Contudo, com a entrada em vigor das Convenções, hospitais passaram a ser indevidamente utilizados como esconderijos para munições e combatentes. Inclusive, indivíduos como terroristas em fuga começaram a ver os hospitais, especialmente aqueles com muitos feridos, como locais seguros para se ocultarem.

É crucial atentar para o artigo 19 de uma das Convenções de Genebra, o qual estabelece que hospitais usados como refúgio para combatentes ou para fins que causem dano ao adversário podem perder sua proteção humanitária. Todavia, para que essa perda de tutela ocorra, há uma condicionante: ciente de que beligerantes podem se misturar aos feridos e doentes internados, a Convenção exige que, antes de qualquer ataque a um hospital nessas condições, seja emitido um aviso prévio específico.

Esse aviso deve prever a evacuação, com prazo razoável para a remoção de doentes e feridos. É importante notar que a mera presença de armas portáteis individuais (de guardas ou dos próprios feridos), desde que não utilizadas para atos hostis, não constitui, por si só, motivo para anular o *status* de proteção.

Além da proteção a hospitais, feridos e doentes, as Convenções de Genebra também visam proteger as mulheres em tempo de guerra, buscando coibir estupros e outros crimes de natureza sexual.

Fechado o parêntese.

A rede de túneis do Hamas teria sido financiada, em parte, com os aproximadamente US$ 10 milhões mensais de ajuda humanitária enviados pelo Catar. É importante notar que essa ajuda financeira do Catar só era distribuída ao Hamas com a anuência do governo de Israel.

Para analistas independentes, o primeiro-ministro Netanyahu acreditava que, com esse fluxo de dinheiro, conseguiria manter o Hamas em relativa paz com Israel, mesmo que a organização impusesse um governo tirânico aos palestinos de Gaza. Essa convicção do premiê israelense, no entanto, provou-se equivocada com o ataque terrorista do Hamas. O dinheiro proveniente do Catar, com o apoio do Irã, teria sido usado pelo Hamas para manter seu objetivo de eliminar Israel do mapa do Oriente Médio.

Quanto à infraestrutura subterrânea, o tronco principal da rede de túneis do Hamas apresentava dimensões impressionantes: cerca de três metros de largura por quatro de altura, estendendo-se por aproximadamente 4 km e alcançando até 50 metros de profundidade. Bem pavimentado e iluminado, permitia a circulação de veículos pesados, destinados ao transporte de armas, explosivos, alimentos e remédios.

Durante a guerra em Gaza, o primeiro-ministro Netanyahu recebeu sustentação política de uma coalizão integrada pela direita radical. Nesse espectro político, incluem-se grupos messiânicos, supremacistas e indivíduos envolvidos na expansão de assentamentos considerados ilegais em terras palestinas: a fina flor do radicalismo. Os referidos radicais sempre exigiram de Netanyahu a anexação da Cisjordânia, território palestino, sob a alegação de que essa área, em tempos bíblicos, pertenceu ao Reino de Israel. É preciso frisar que, segundo divulgado pela mídia, a meta de Netanyahu ao deslocar soldados e agentes de inteligência do Shin Bet para longe da fronteira de Gaza seria justamente proteger a expansão desses assentamentos ilegais na Cisjordânia. Trata-se de uma região onde, segundo o Direito Internacional, ocorreria uma situação de "*apartheid*".

O *apartheid*, conforme o Direito Internacional, caracteriza-se pela existência, num mesmo território ocupado por povos ou etnias diferentes, como é o caso da Cisjordânia, controlada por Israel, de um sistema legal que não se aplica igualmente a todos. A autoridade dominante (Israel) impõe tratamentos diferenciados, situação típica, reitere-se, do que ocorre na Cisjordânia ocupada.

Nos assentamentos israelenses, que violam o Direito Internacional por estarem em terra ocupada militarmente (a Cisjordânia palestina), palestinos são frequentemente expulsos e perdem suas moradias, sem que haja consequências para os colonos. Esse tratamento legal desigual entre israelenses e palestinos recebe, assim, a designação sociojurídica de *apartheid*.

Parêntese.

Atenção: antes da guerra iniciada em outubro de 2023, a Faixa de Gaza era governada pelo Hamas. Equivocam-se, portanto, aqueles que afirmavam existir *apartheid* em Gaza, pois ali não havia um tratamento legal diferenciado imposto por uma autoridade externa dominante sobre diferentes grupos étnicos. A legislação vigente era palestina, aplicada aos palestinos e demais moradores da Faixa. Em termos técnico-jurídicos, o *apartheid*, conforme descrito anteriormente, caracterizava-se na Cisjordânia, sob controle israelense, e não em Gaza, sob administração do Hamas.

De fato, a fronteira de Gaza, por ocasião do ataque terrorista de 7 de outubro de 2023, encontrava-se desprotegida e isso possivelmente pelo citado deslocamento de pessoal para a Cisjordânia, sob a intenção de preservar o *apartheid* reinante. Por isso mesmo, em Israel, levantaram-se vozes prometendo que, ao término do conflito, o primeiro-ministro Netanyahu seria submetido a uma investigação parlamentar para apurar responsabilidades. Na verdade, é plausível supor que isso só não ocorreu ainda por ser tradição em Israel não substituir nem processar um primeiro-ministro, enquanto chefe de governo, durante um período de guerra.

Contudo, Netanyahu e Ronen Bar, do Shin Bet, terão contas a prestar aos israelenses. Seus débitos se estendem, de forma particular, ao povo judeu, especialmente em face do ressurgimento aberto e não mais camuflado do antissemitismo – um fenômeno cuja escalada recente também lhes poderá ser, em parte, imputada.

Fechado o parêntese.

Tanque israelense na Cisjordânia.

Espionagem no Brasil, militares na política e a Abin

No Brasil, a necessidade de um órgão de inteligência demorou a ser reconhecida e oficializada, o que, talvez, tenha contribuído para a ocorrência de tantos abusos ao longo da história.

Os militares brasileiros sempre tiveram ciência da importância das informações. Contudo, ocorreram deturpações que buscaram legitimar condutas violadoras de direitos humanos. Durante a ditadura iniciada em 1964, por exemplo, cada uma das três Forças Armadas (Marinha, Exército e Aeronáutica) desenvolveu seus próprios órgãos de inteligência. Estes, porém, focavam na inteligência política, voltada à sustentação do regime de exceção, e não em atividades de inteligência com finalidade estritamente militar. Além desses órgãos, existia o Serviço Nacional de Informações (SNI), de triste memória.

O Estado brasileiro tardou a perceber a utilidade da coleta, análise e emprego de informações por uma agência especializada, com respaldo em uma Constituição democrática e republicana, para a defesa nacional.

A primeira iniciativa formal de inteligência de Estado no Brasil surgiu em 1927, durante o governo do presidente Washington Luís Pereira de Sousa. Ele tomou posse em 15 de novembro de 1926 e foi deposto em 24 de outubro de 1930, por um golpe militar que pôs fim à chamada República Velha. A criação desse serviço de inteligência deu-se por meio do decreto n. 17.999, publicado no *Diário Oficial* de 29 de novembro de 1927.

Washington Luís, ex-governador de São Paulo e eleito com base na política conservadora conhecida como "café com leite" – um arranjo que promovia a alternância no poder central entre políticos de São Paulo e Minas Gerais –, sentiu a necessidade premente de informações. Isso se deu, em especial, porque tomou posse com o fenômeno do tenentismo ainda em efervescência. Ademais, iniciou seu mandato presidencial com o país sob o regime excepcional do estado de sítio, decretado por seu antecessor.

Como político experiente, Washington Luís acompanhou as inúmeras articulações golpistas do movimento tenentista. Antes de chegar à Presidência da República, observou a distância a força da sublevação militar eclodida no Forte de Copacabana em 5 de julho de 1922, denominada "Os Dezoito do Forte". Posteriormente, quando governador de São Paulo (tecnicamente, o 18º presidente do Estado de São Paulo), vivenciou a Revolta Paulista, em junho de 1924.

Essa Revolta Paulista visava à derrubada de Artur Bernardes, então chefe de Estado e de governo brasileiro. Reprimidos pelas forças federais, os jovens militares da derrotada revolta tenentista de São Paulo aproximaram-se do capitão Luís Carlos Prestes, que viria a fundar a Coluna Prestes (1925-1927).

Washington Luís sentiu o Brasil ser abalado politicamente pela força do movimento tenentista, de caráter golpista, que exigia, em afronta à Constituição vigente, mudanças dentro do regime republicano. Como bem definiu o saudoso jurista Raymundo Faoro, o tenentismo foi um movimento com um programa liberal, mas que propunha se estabelecer por meio de instrumentos ditatoriais.

Como mencionado, acompanhou como governador, em julho de 1924, a revolta iniciada em São Paulo. À frente dessa chamada Revolta Paulista estavam os tenentes Eduardo Gomes, ex-líder dos Dezoito do Forte de Copacabana, e Juarez Távora, ambos com posteriores e marcantes atuações na vida política nacional.

A citação dos nomes de Gomes e Távora, oriundos da Aeronáutica e do Exército, respectivamente, serve para atestar a permanente ingerência dos militares na vida política brasileira. Essa força política dos militares, inclusive, logrou a consolidação, no Poder Judiciário, de um corporativo Superior Tribunal Militar (STM). Trata-se de uma Corte composta, segundo a atual Constituição de 1988, por quinze membros julgadores, dos quais dez são oficiais militares da mais alta patente. O corporativismo evidencia-se na própria composição do tribunal.

Na verdade, como tenho afirmado durante anos em aulas e palestras, o STM é uma instituição "com passado e sem nenhum futuro". Ao cunhar essa frase, refiro-me ao histórico de apoio da corte castrense à ditadura militar de 1964 – por exemplo, ao negar *habeas corpus* a presos políticos com base nos Atos Institucionais. Modernamente, tanto na esfera internacional – lembrando os históricos tribunais militares de Nuremberg e Tóquio – quanto na esfera interna dos países, a tendência aponta para o declínio ou fim da justiça castrense. O Superior Tribunal Militar brasileiro, por exemplo, não se sustenta sob o argumento da necessidade de especialização. A Justiça Militar é, em sua essência e não apenas circunstancialmente, corporativa. Para se ter uma ideia, os julgadores, oficiais das Armas, julgam trajando fardas, e não a toga, símbolo da imparcialidade. As vestes talares (que vão até o "talo", o calcanhar) da Iustitia, a deusa romana da Justiça – por vezes representada sem a venda, para melhor enxergar, sem que isso implique perda de imparcialidade –, carregam o simbolismo da independência e da isenção.

Por ser corporativa, a justiça castrense brasileira viola o princípio republicano fundamental da igualdade de todos perante a lei. Nossa Constituição consagrou como cláusula pétrea esse princípio da paridade. Além da igualdade, numa verdadeira república democrática, como bem anotou o jurista Celso de Mello, ministro aposentado do Supremo Tribunal Federal (STF), são elementos essenciais: (a) a natureza representativa do regime, (b) a eletividade dos mandatários, (c) a temporariedade dos mandatos, (d) a responsabilidade dos mandatários, (e) a divisão funcional do poder e (f) a soberania popular.

Retomando a menção aos militares Eduardo Gomes e Juarez Távora, ressalto a necessidade premente, e há muito existente, de uma reforma imediata nos currículos das academias militares. Estas deveriam formar oficiais estritamente militares, e não figuras políticas em sentido particular, pois, genericamente, toda atividade humana relativa à pólis, como ensinavam os gregos, possui natureza política. Os dois históricos oficiais supracitados merecem novamente ser lembrados para evidenciar essa inclinação dos militares para a política, uma tendência antiga que remonta à Proclamação da República.

A propósito da politização das Forças Armadas, o ex-presidente Jair Bolsonaro, em uma conduta com contornos golpistas e durante um período de dissenso com o Poder Judiciário, tentou evocar um inexistente "poder militar moderador". Bolsonaro, conhecido por limitações intelectuais frequentemente supridas por uma esperteza marcada pela astúcia ou mesmo vilania, encampou essa ideia. Ignorando a lógica da tripartição fundamental dos Poderes e o sistema de freios e contrapesos, interpretou o artigo 142 da Constituição de 1988 de maneira conveniente aos seus interesses.

A doutrina do poder moderador foi elaborada por Benjamin Constant de Rebecque, pensador suíço de nascimento, que viveu e participou ativamente da vida intelectual e política francesa, falecido em 1830. Constant propôs complementar a doutrina de Montesquieu sobre a separação dos poderes do Estado (Executivo, Legislativo e Judiciário) especificamente para as monarquias constitucionais, e somente para elas.

No caso de conflitos entre os poderes estabelecidos por Montesquieu, caberia ao monarca, como detentor do poder moderador, apresentar a solução, conforme a idealização de Constant.

Na interpretação oportunista e canhestra de Bolsonaro, o poder moderador, que, segundo ele, estaria (mas nunca esteve) no artigo 142 da Constituição, pertenceria às Forças Armadas, ou melhor, a ele próprio, por ser, como presidente da República à época, o comandante supremo das Forças Armadas.

É crucial notar que Constant de Rebecque, com todas as letras, explicitou que sua proposta de poder moderador, complementar à consagrada doutrina de Montesquieu, aplicava-se exclusivamente às monarquias constitucionais. O Brasil, como Bolsonaro bem sabia devido ao cargo que ocupava e ao texto constitucional, é uma República, não uma monarquia. Aliás, a Constituição Imperial brasileira de 1824 previa, de fato, o Poder Moderador, exercido pelo imperador.

Na história do nosso constitucionalismo, nunca as Forças Armadas foram contempladas como detentoras de um poder moderador. No entanto, diversos militares embarcaram no discurso de ocasião de Bolsonaro.

De modo geral, existem problemas de formação nas academias militares que não podem passar despercebidos quando se fazem comparações com eventos históricos. Um exemplo disso é o envolvimento de militares na tentativa de golpe de Estado de 8 de janeiro de 2023, sob a liderança velada do então capitão reformado Jair Bolsonaro. Este, aliás, fora forçado a encerrar prematuramente sua carreira militar para não ser expulso do Exército Brasileiro por indisciplina, decorrente de um movimento por aumento de soldos para oficiais. Sem grande esforço, percebe-se que as ambições financeiras ("argentárias") do ex-presidente são antigas.

Enfim, nas academias militares, a educação para a legalidade democrática é de suma importância. Afinal, o Brasil vive sob uma democracia liberal, na qual o Estado de Direito, aquele constituído pelo que se estabelece na Constituição e nas leis, desempenha um papel preponderante.

Retomando o fio histórico para demarcar posições, volto a Eduardo Gomes, patrono da Aeronáutica. Como assinalado, ele foi um dos líderes tenentistas na revolta de contornos golpistas conhecida como "Os Dezoito do Forte de Copacabana". O brigadeiro candidatou-se às eleições presidenciais em 1945 pela União Democrática Nacional (UDN), perdendo para o marechal Eurico Gaspar Dutra. Sem sucesso, tentou novamente em 1950, e também não obteve êxito. Em 1964, participou do golpe de Estado contra o presidente João Goulart e foi ministro da Aeronáutica no governo Castelo Branco.

Juarez Távora, por sua vez, general e ministro, também concorreu à presidência pela UDN, em 1955, e perdeu para Juscelino Kubitschek.

Diante desse quadro de efervescência e latente golpismo militar tenentista, já na presidência do país, Washington Luís buscou informações preventivas, consideradas essenciais, embora a Coluna Prestes já desse sinais de declínio, mantendo-se estacionada na Bolívia. Como ressaltado, Washington Luís assumiu a presidência com o Brasil sob estado de sítio – um regime de exceção vigente desde novembro de 1922, por ato do então presidente Artur Bernardes.

O "paulista de Macaé", como se autointitulava Washington Luís por ter nascido naquela cidade fluminense e construído sua carreira política em São Paulo, objetivava suspender o estado de sítio, mas para isso carecia de informações seguras providas por um serviço de inteligência. O presidente reclamava da falta de informações fidedignas, pois as que recebia muitas vezes derivavam diretamente das especulações em circulação. Além disso, pressentia sérios problemas decorrentes da legislação que ele mesmo impôs em 1927, com apenas seis meses de mandato, voltada a fechar sindicatos e congelar salários.

O estado de sítio foi, de fato, suspenso. Contudo, deu lugar, por força da legislação implantada, àquilo que a população percebeu como uma nova forma de perversidade republicana. Essa legislação repressiva ganhou o adequado apelido de "Lei Celerada". A Lei Celerada censurava a imprensa, restringia a liberdade de expressão, proibia o direito de reunião e empurrava o Partido Comunista para a clandestinidade.

Como se nota, o anticomunismo sempre foi politicamente utilizado como justificativa para a implantação de regimes coercitivos e autoritários, tanto no Brasil quanto em outros países, a exemplo do macarthismo norte-americano. Pior: em pleno século XXI, no Brasil, o ex-presidente Jair Bolsonaro, no campo do populismo, também levantou a bandeira contra o comunismo, taxando como comunistas até mesmo seus adversários democratas. Na eleição municipal paulistana de 2024, surgiu um populista, o *coach* Pablo Marçal, que igualmente rotulou seus opositores de comunistas. Em um simplismo raso, o candidato derrotado Marçal, cuja vida pregressa inclui questões criminais resolvidas pela prescrição da pretensão punitiva executória, buscava dividir os cidadãos entre "comunistas" e "não comunistas".

Uma frase atribuída a Washington Luís, o mentor da Lei Celerada, revela bem seu pensamento, insensibilidade e autoritarismo: "A questão social representa um caso de polícia".

Foi sob esse governo que nasceu o primeiro serviço de informações do Brasil, estabelecido em 1927 e vinculado ao Conselho de Defesa Nacional (CDN). Como se pode perceber, os serviços de inteligência no Brasil já nasceram sob auspícios questionáveis e, posteriormente, sua trajetória piorou.

Durante a ditadura de Getúlio Vargas, sob a sanguinária batuta do então chefe da polícia do DF Filinto Müller, de inclinações nazifascistas, o perfil daqueles serviços degenerou ainda mais, com abusos crescentes, violência e desmandos. Na Era Vargas, o nome do órgão foi adaptado: o termo "Defesa" do Conselho de Defesa Nacional (CDN) foi substituído por "Segurança", dando origem ao Conselho de Segurança Nacional (CSN).

Com efeito, o serviço de inteligência varguista atrelou-se ao CSN. Cabia à Secretaria-Geral do CSN centralizar as informações e atuar junto ao gabinete da Presidência da República. Como destacado por Lúcio Sérgio Porto Oliveira, em sua obra intitulada *A história da atividade de inteligência no Brasil*,[5] Vargas justificou a existência do CSN como mais do que necessária, pois "voltada à defesa da Pátria". Contudo, tratava-se de um pretexto, pois o CSN servia primordialmente para defender sua ditadura, com repressão pesada aos opositores democráticos.

Dando um salto para 1964, encontramos novamente a inteligência a serviço de outra ditadura. No regime de exceção iniciado naquele ano, foi criado o Serviço Nacional de Informações (SNI), como órgão auxiliar do CSN, instituição que acompanhou o longo período de ditadura militar (1964-1985), utilizando-se da tortura e promovendo o desaparecimento de presos políticos.

Posteriormente, já no governo do presidente Fernando Henrique Cardoso, a atividade de inteligência foi enquadrada na Constituição democrática de 1988 com a extinção do SNI e a criação da Agência Brasileira de Inteligência (Abin). As lúgubres práticas do SNI pareciam então terem sido definitivamente exorcizadas. No entanto, durante a presidência de Jair Bolsonaro, a espionagem estatal desviou-se novamente de seus propósitos institucionais balizados pela Constituição.

De fato, confundiu-se inteligência policial com inteligência de Estado quando o então presidente Jair Bolsonaro,

---

5 Agência Brasileira de Inteligência, 1999, p.25.

supostamente mal informado, nomeou um delegado de polícia para a direção do órgão central da Abin, em vez de um operador ou especialista em inteligência de Estado.

Para rasgar de vez a Constituição, e ainda sob a presidência de Jair Bolsonaro, a Abin passou a atuar em prol do interesse pessoal do presidente, e não mais como agência do Estado brasileiro. Por essa razão, ganhou o apelido de "Abin paralela".

Conforme demonstrou inquérito da Polícia Federal com mais de oitocentas páginas detalhando investigações e provas de materialidade, autoria e participações em crimes como tentativa de golpe de Estado, abolição violenta do Estado Democrático de Direito e organização criminosa, parte da Abin foi utilizada ilegitimamente, no interesse privado de Bolsonaro, configurando uma clara ofensa à Constituição. Houve, inclusive, o monitoramento de pessoas consideradas democráticas e, portanto, vistas como inimigas do bolsonarismo, de orientação golpista.

Dentre aqueles que tiveram seus passos criminosamente seguidos pela Abin paralela, encontravam-se, conforme revelado pelas apurações, agentes públicos e membros de órgãos de poder, incluindo ministros do Supremo Tribunal Federal (STF).

Com a tentativa de golpe de Estado frustrada em 8 de janeiro de 2023, a chamada Abin paralela, já no governo do presidente Luiz Inácio Lula da Silva, foi desarticulada. A agência foi, então, realinhada e retornou à normalidade. Trocando em miúdos: a Abin voltou a ser uma agência constitucional do Estado brasileiro.

Cumpre lembrar, conforme comprovado, que oficiais da Abin e funcionários administrativos envolvidos no esquema de matriz golpista bolsonarista foram deslocados de suas funções originais. O núcleo central da desviada Abin do governo Bolsonaro, por meio de seu diretor responsável, convocou servidores de diversos órgãos, principalmente policiais federais, para atuar em prol dos interesses golpistas do então presidente.

Criou-se, de fato, ilícita e ilegitimamente, uma agência paralela, utilizando a fachada da original para acobertar os interesses pessoais de Bolsonaro, de sua família e de parlamentares aliados. Nessa Abin paralela cogitou-se, segundo apurações da Polícia Federal (atuando como polícia judiciária), sua atuação em auxílio ao então senador Flávio Bolsonaro, filho do ex-presidente. Essa atuação seria voltada, conforme o mencionado inquérito e o que foi divulgado pela imprensa, para interferir no chamado escândalo das "rachadinhas", supostamente ocorrido no gabinete parlamentar de Flávio Bolsonaro quando ainda era deputado, antes de ser eleito senador da República. Flávio Bolsonaro seria o beneficiário da criminosa apropriação de parte da remuneração de servidores lotados legalmente em seu gabinete. Dessa prática de dividir ("rachar") os salários é que surgiu o apelido da prática ilegal.

Como ressaltado anteriormente, os Estados necessitam de informações, e as agências de inteligência dedicam-se a obtê-las. Muitas vezes, entretanto, essa atividade crucial sofre desvirtuamentos e o Brasil, desafortunadamente, experimentou provas disso.

3
Jurisdição internacional

Prolegômenos

De pronto, convém alertar para o grande problema da jurisdição internacional: declarada pelos tribunais, ela não conta com força cogente, coercitiva, pois depende da vontade soberana dos Estados.

Sob o foco da jurisdição criminal comum (não internacional), o reformulador do processo penal italiano, o falecido professor da Universidade de Milão Gian Domenico Pisapia, advertia que a jurisdição, o *jus dicere*, ou seja, o direito interno declarado no processo criminal, tem força cogente internamente, nos limites territoriais do Estado nacional. Nas cortes internacionais, contudo, a jurisdição proclamada nem sempre pode contar com força imperativa. Existem países que não aceitam a jurisdição internacional e, por via de consequência, não a cumprem. Outros, apesar de compromissados com sua aceitação por meio de tratados e convenções, simplesmente a desconsideram.

Ao final da Primeira Guerra Mundial, com a celebração do Tratado de Versalhes em 28 de junho de 1919 e a constituição da Liga das Nações (também conhecida como Sociedade das Nações), objetivou-se a prevenção de novas guerras. Os Estados-membros aceitaram, para evitar conflitos e agressões, submeter seus dissensos ao exame de árbitros internacionais. Dois canais ficariam então abertos: o da Liga das Nações e o de sua Corte Permanente de Justiça Internacional, criada e operante a partir de 1921.

Como reforço para a normalização das relações, envolvendo a Europa ocidental, central e oriental, tivemos o Pacto de Locarno (1925). No embalo pacificador, celebrou-se também o tratado bilateral de Paris em 1928. Os dois signatários, França e Estados Unidos, representados, respectivamente, pelo ministro das Relações Exteriores, Aristide Briand, e pelo secretário de Estado, Frank Kellogg, repudiaram a guerra como forma de resolução de conflitos internacionais.

Tudo isso, porém, durou pouco nesse período entreguerras. A Itália iniciou guerra contra a Etiópia (1936), e a França ocupou o distrito alemão de Ruhr (1923). Hitler violou o Tratado de Locarno e, ao invadir e ocupar Haia, fechou as portas do Palácio da Paz, sede da Corte Permanente de Justiça Internacional. Essa corte, após a Segunda Guerra Mundial, foi extinta e deu lugar à Corte Internacional de Justiça (CIJ), como será especificado em outro item.

O almejado princípio da igualdade entre Estados não se efetivou como desejado após Versalhes. A Europa, na geopolítica, continuou sendo um caldeirão de ambições. Como destacou Wagner Menezes, professor de Direito Internacional na Faculdade de Direito da Universidade de São Paulo, o ambiente na Europa permanecia explosivo e, "com o fortalecimento econômico em razão da revolução industrial, a corrida armamentista, que tem início nos idos de 1880, se acelerou com o desenvolvimento de armas de fogo e artilharias e os avanços bélicos aplicados a navios com motores turbinados e blindagens".[1]

Como alternativa ao quadro histórico-cultural anterior, buscou-se, ao final das duas grandes guerras mundiais, um caminho um pouco diverso e, idealmente, desarmado: a meta seria implantar a jurisdição internacional criminal. Em seu étimo, o termo "jurisdição" vem da junção de duas palavras latinas: *juris* e *dictio*. Fundidas, significam "dizer o direito", a ser aplicável num processo judicial e por uma autoridade com investidura, o juiz natural. A jurisdição, no caso a criminal, ganharia abrangência planetária.

Para tanto, deveria ser aceita por todos os Estados nacionais. Quando essa ideia foi cogitada, já existia a Organização das Nações Unidas (ONU) em lugar da falida e dissolvida Liga das Nações (1919-1946). Sem prejuízo da via diplomática, sempre podendo ser aberta e reaberta infinitas vezes, o almejado caminho da jurisdição internacional criminal poderia, na visão daquele tempo, abrir-se para medidas urgentes, de natureza preventiva ou liminar, ou, sempre no devido processo, para sanções repressivas de mérito.

---

1 *Curso de Direito Internacional*, 1º volume (edição Tirant lo Blanch Brasil, 2023, p.70).

Ingresso do Japão na ONU, 1956.

Essa jurisdição internacional surgiu, então, como um caminho civilizado para a realização do Direito Internacional Público, o conhecido "direito das gentes", em face de crimes desumanos, incluindo genocídios, crimes contra a humanidade e crimes de guerra. Todos esses crimes, como é sabido, atentam contra os direitos naturais das pessoas humanas.

Adicionalmente, a jurisdição não criminal poderia compor dissensos entre Estados, por exemplo em questões de fronteiras.

Duas guerras regionais recentes – Rússia e Ucrânia, e Israel e Hamas – apontaram, entretanto, para a fragilidade desse sistema, mesmo já contando com duas cortes permanentes de jurisdição internacional. Na verdade, o sistema conta apenas com a força do Direito. Ele é composto por duas instituições diversas e independentes: a Corte Internacional de Justiça (CIJ) e o Tribunal Penal Internacional (TPI).

O sistema, porém, ficou capenga. Por exemplo, a jurisdição do TPI não é aceita por sete Estados nacionais: Estados Unidos, China, Índia, Turquia, Israel, Filipinas e Sri Lanka. E a Federação Russa, depois de conflagrada a guerra com a Ucrânia, nega ter aderido ao Tratado de Roma, que deu vida ao TPI em 18 de julho de 1998.

Nem as alocuções do pacífico e humanista papa Francisco serviram para sensibilizar. O papa Francisco, em uma das ocasiões, deslocou-se ao destruído Iraque, em 2021, ano em que se completou a saída gradativa das tropas invasoras norte-americanas. Numa recordação da civilização dos sumérios, um dos primeiros povos estabelecidos na Mesopotâmia, o papa Francisco citou o Gênesis e avisou: "a hostilidade, o extremismo e a violência são traições às religiões". Bergoglio, em 2023, como chefe do Estado do Vaticano, tocou no ponto fulcral: "Como se pode falar em paz se aumentam a produção, a venda e o comércio de armas?".

Sem qualquer dificuldade, percebe-se que frequentemente decisões das duas supracitadas cortes internacionais deixam de ser cumpridas. Como exemplo, temos as ordens de prisão cautelar contra o presidente russo Vladimir Putin e o primeiro-ministro israelense Benjamin Netanyahu, e a determinação de suspensão imediata de bombardeios por parte de Israel em áreas densamente povoadas da Faixa de Gaza, repletas de civis palestinos inocentes que não estavam em guerra. A respeito disso, o Direito Internacional Público e as convenções das Nações Unidas proíbem bombardeios quando colocam em risco as vidas de civis.

Nota-se, também sem esforço, a existência da jurisdição, mas as cortes não possuem força para executar, para fazer valer suas deliberações mandamentais. Em outras palavras, o sistema é imperfeito.

Putin e Netanyahu nem se abalaram com as decretações das prisões cautelares; apenas evitam correr riscos em viagens internacionais. Putin, depois de convidado em 2023 pelo presidente brasileiro Lula para participar de reunião do G20, declinou do convite. Isso para evitar problemas, pelo fato de o Brasil, subscritor do Tratado de Roma (posteriormente referendado pelo Congresso Nacional), aceitar a jurisdição internacional do TPI. Como os Estados Unidos não subscreveram o Tratado de Roma e não aceitam a jurisdição do TPI, o referido presidente russo e o premiê israelense, caso queiram, poderão visitar oficialmente os Estados Unidos sem qualquer risco de prisão. Ninguém iria lembrar da decisão do TPI.

As duas supramencionadas guerras regionais, que movimentaram dois tribunais internacionais, tiveram motivações diversas. A primeira, e mais antiga, iniciou-se em fevereiro de 2022 e decorreu da invasão à República da Ucrânia pelas forças armadas da Federação Russa. Discutiu-se, incessantemente, a ocorrência de ilegítima violação ao território soberano do país ucraniano. Essa tese da violação à soberania baseou-se na Carta Constitutiva das Nações Unidas, também chamada de Constituição da Organização das Nações Unidas (ONU).

Como justificativa para a invasão, o governo do presidente russo Putin sustentou a legitimidade das ações bélicas com o fim de conferir proteção a populações russas submetidas a ataque em enclaves contendo maioria de origem e língua russas. Os ataques seriam perpetrados por grupos neonazistas, frisou Putin. Para o governo de Moscou, esses grupos dizimadores neonazistas estavam sendo acobertados pelo governo do presidente ucraniano Volodymyr Zelensky. Registre-se ser Zelensky, como foi amplamente divulgado nas mídias, um humanista, ator teatral de profissão, adepto e praticante da religião judaica.

A outra guerra derivou da reação de Israel ao ataque de matriz terrorista consumado pela organização palestina Hamas em 7 de outubro de 2023, da qual já tratamos em capítulo anterior. Tratou-se de terrorismo em território soberano israelense, próximo à Faixa de Gaza. O ataque foi promovido pelo Hamas, contando com o apoio da denominada Jihad

Islâmica Palestina e do Hezbollah, este último com posteriores e intermitentes ataques com bombas ao norte de Israel.

O Hamas, desde 2005 e com a retirada das tropas do exército israelense (IDF), passou a governar Gaza, terra palestina à luz do Direito Internacional Público. A Autoridade Palestina deixou Gaza e, conforme matérias jornalísticas, Abu Mazen abandonou a casa de praia que possuía para veraneio na região.

Para Israel, houve, no 7 de outubro, terrorismo e violação à sua soberania. Do lado do Hamas, deu-se, como propalado, uma ação voltada à libertação palestina. É evidente, contudo, que o terrorismo e a violação aos direitos da pessoa humana não legitimam, perante o Direito Internacional, ações como a de outubro de 2023. O ataque do Hamas resultou no assassinato de 1.200 israelenses e no sequestro, para posterior negociação de reféns, de 240 cidadãos, majoritariamente judeus.

Nas guerras, em geral, o Direito Internacional Público aparece sempre como uma das primeiras vítimas. Desde as cogitações que antecedem conflitos, a violação do Direito Internacional já é pensada. É a primeira vítima porque se descumprem convenções, tratados e acordos. Até a Carta Constitutiva das Nações Unidas, muitas vezes, foi ignorada e pisoteada em conflitos bélicos envolvendo seus próprios Estados-membros.

Tudo se torna extremamente grave, também, quando é ignorado o denominado Direito Natural, cujos princípios, como o direito à vida, são invioláveis. O Direito Natural, apesar de suplantado pelo denominado Direito Positivo dos Estados, destaca-se por seu conteúdo ético-moral.

Parêntese.

O Direito Natural consiste num complexo de normas não escritas, universais, nem sempre coincidentes com o Direito Positivo, mas que faz parte, como se apreende nas escolas, "do patrimônio ético-racional de cada pessoa ou comunidade". Ele é expresso na forma latina "*id quod semper aequum et bonum est fino*", ou seja, é o conjunto de normas não codificadas com fundamento nos princípios superiores da Equidade e da Justiça.

Para não entrar em polêmica infindável sobre a natureza religiosa ou laica do Direito Natural, o importante é absorver a ideia de inviolabilidade que ele encerra. O Direito Natural integra o patrimônio dos seres humanos.

Nos cursos de Direito, quando se ensina sobre o Direito Natural, os acadêmicos são frequentemente estimulados à leitura de *Antígona,* personagem da tragédia grega do dramaturgo Sófocles, escrita por volta do ano 442 a.C. Antígona era filha da relação incestuosa de Édipo com sua própria genitora, Jocasta.

Quando Polinices, irmão de Antígona, é morto, o rei Creonte de Tebas proíbe seu sepultamento. Sua ordem determinava que o corpo de Polinices permanecesse insepulto, para ser devorado pelos animais. É nesse ponto que se levanta a questão do direito natural de Antígona de dar uma sepultura digna ao irmão: o direito natural de se enterrar os mortos.

Fechado o parêntese.

O Direito Natural protege a vida humana, mas as guerras o tornam uma voz frágil, simples ruído, uma *flatus vocis*, na expressão usada pelos pretores quando Roma era a propalada *caput mundi*, a capital do mundo.

As duas supracitadas guerras regionais, Rússia e Ucrânia, e Israel e Hamas, é importante repisar, apontam, portanto, para outra fragilidade: a desobediência à Justiça Internacional, representada quer pela Corte Internacional de Justiça (CIJ), também chamada de Corte de Haia, quer pela corte penal, o Tribunal Penal Internacional (TPI).

Essas duas cortes internacionais têm um papel pacificador: nos crimes por elas definidos, a pena possui, como no direito comum, a finalidade de prevenção geral – inibidora e dirigida a todos. As duas cortes oferecem aos Estados nacionais que aceitam suas jurisdições maneiras civilizadas de prevenir conflitos ou restabelecer a paz entre nações e povos. A CIJ julga Estados-membros da ONU, enquanto o TPI aprecia a responsabilização de indivíduos (governantes e agentes de autoridade) por autoria ou participação em crimes de sua competência.

Ambas as cortes não atuam de ofício; necessitam ser provocadas, conforme a vetusta e salutar fórmula latina *nemo judex procedat ex officio* (o juiz não procede de ofício). Junto ao TPI, atua o promotor (ou o Gabinete do Promotor), que se assemelha a um ministério público internacional, a quem cabe a iniciativa da investigação preparatória da ação penal internacional e a de provocar a corte.

Quanto à maneira civilizada de atuação, registre-se, relativamente ao TPI, a adoção, decorrente do Tratado de Roma, dos princípios da irretroatividade da lei penal e da necessidade de se punir os responsáveis por condutas afrontosas à dignidade da pessoa humana. Nas duas cortes internacionais, por meio do devido processo, podem ser concedidas medidas cautelares, antecedendo a decisão de mérito, em razão do risco pela demora (*periculum in mora*) e da gravidade da situação.

A atuação jurisdicional internacional, por tribunais permanentes e com juízes independentes, não se confunde com a atuação política do Conselho de Segurança das Nações Unidas. O poder de veto existente no Conselho de Segurança não afeta as decisões jurisdicionais criminais do TPI. Embora tenha sido cogitado, não cabe ao Conselho de Segurança das Nações Unidas atuar como órgão de reexame das decisões do TPI.

Um diferencial importante: a Corte Internacional de Justiça (CIJ) possui, fora do campo criminal e no âmbito administrativo, uma função consultiva. Pode emitir pareceres, não vinculantes, a pedido do Conselho de Segurança e da Assembleia Geral das Nações Unidas. A CIJ, criada em 1945, teve relevante influência, por meio de seus pareceres, no aperfeiçoamento das normas de Direito Internacional e na interpretação da Carta das Nações Unidas.

As circunstâncias impostas pelas duas guerras supramencionadas, suscitam as condições ideais para o funcionamento e, paralelamente, evidenciação das fragilidades da CIJ e do

TPI. Exibindo seu típico anseio pelo cumprimento da justiça, o papa Bergoglio, em crítica velada à impotência das cortes internacionais e diante dos acontecimentos em Gaza, manifestou-se pela imediata apuração de crimes de guerra e contra a humanidade, e mencionou o risco de genocídio. Algumas de suas falas foram interpretadas por críticos como possivelmente destoantes, em termos técnicos, da estrita definição de genocídio conforme a Convenção da ONU. Esses críticos, no entanto, por vezes silenciaram sobre os flagrantes crimes de guerra e contra a humanidade, ambos claramente caracterizados pelas convenções pertinentes.

Tribunal Penal Internacional (TPI)

O Tribunal Penal Internacional (TPI) é fruto de experiências internacionais acumuladas, especialmente após a Segunda Guerra Mundial. Ele representou uma evolução significativa, em particular por ser uma corte permanente e não um tribunal vinculado diretamente às Nações Unidas. A sua permanência, com juízes criminais civis (não militares) com mandato por prazo certo, configurou uma importante garantia de independência. Como corte permanente e principal instância da justiça criminal internacional, o TPI não atua, como se alegou ter acontecido com as cortes militares de Nuremberg e Tóquio, sob pressões diretas dos Estados mais poderosos.

É importante lembrar a precariedade do sistema criminal internacional anterior, que contava com cortes *ad hoc* (criadas para casos específicos). Com o final da Segunda Guerra Mundial, e para julgar os responsáveis pelos graves crimes cometidos, surgiram os tribunais militares de Nuremberg e de Tóquio. Pelo fato de seus julgadores serem militares das nações vitoriosas, essas duas cortes, Nuremberg e Tóquio, foram chamadas por críticos de "tribunais dos vencedores".

Bem depois, veio a experiência da constituição, pelas Nações Unidas, de dois tribunais com julgadores não militares, ou seja, civis. Contudo, estes também não eram permanentes e ambos foram posteriormente declarados extintos. Um deles, o Tribunal Penal Internacional para a ex-Iugoslávia (TPIJ), funcionou para julgar os genocídios e outros crimes graves ocorridos na região. Nesse contexto, destacou-se o caso do ex-presidente Slobodan Milosevic, que tentou promover, por meio de uma sangrenta limpeza étnica contra muçulmanos e outras etnias, o antigo sonho dominador da constituição da "Grande Sérvia". Foi o período do renascimento do nacionalismo sérvio.

Milosevic foi presidente da Sérvia (1989-1997) e, posteriormente, da então República Federal da Iugoslávia (1997-2000). Ele era o líder máximo do Partido Socialista da Sérvia. Acabou sendo acusado de genocídio e crimes de guerra, e teve sua prisão preventiva decretada após requerimento do Gabinete do Promotor do TPIJ, que na época era chefiado pela procuradora Carla Del Ponte.

Parêntese.

Carla Del Ponte, antes de sua designação para atuar nos tribunais *ad hoc* para a ex-Iugoslávia e Ruanda, ocupou a elevada função de procuradora-geral da Confederação Helvética (Suíça). No comando da procuradoria suíça, ela reprimiu a lavagem de dinheiro da Cosa Nostra siciliana, que branqueava capitais ilícitos no cantão suíço do Ticino.

Como relataram à Justiça italiana diversos colaboradores da justiça, integrantes da Cosa Nostra siciliana, também conhecida como máfia siciliana, a procuradora Del Ponte era chamada pelos mafiosos de "Carla, *la peste*" (Carla, a peste), pois desfalcava seus patrimônios ao congelar e sequestrar valores.

Juntamente com o magistrado Giovanni Falcone, que viria a ser dinamitado pela máfia siciliana em 23 de maio de 1992, a procuradora helvética Del Ponte foi "jurada de morte". Por sorte, na praia palermitana de Addaura, enquanto gozava férias, ela se safou, em 21 de junho de 1989, de uma explosão programada com dinamites escondidas em um pequeno e baixo rochedo que cortava uma faixa da praia e invadia o mar. Todas as manhãs, ela fazia caminhada na praia até esse pequeno rochedo, frequentemente em companhia do referido magistrado Falcone.

A polícia, agindo com base em informações, encontrou a carga de dinamite – diversas unidades explosivas (as chamadas bananas de dinamite) espalhadas entre as pedras do rochedo – pronta para detonação à distância. Sob o comando de Totò Riina, *il capo dei capi* (o chefe dos chefes), a máfia siciliana pretendia, com uma única ação, eliminar seus dois inimigos: Falcone e Del Ponte.

Sobre o trabalho realizado nos dois tribunais *ad hoc* das Nações Unidas, a procuradora Del Ponte escreveu a obra com o significativo título *La Caccia – Io e i criminali di guerra* (A caçada: eu e os criminosos de guerra).

Fechado o parêntese.

O Tribunal Penal Internacional para a ex-Iugoslávia (TPIJ ou ICTY, na sigla em inglês) foi constituído pela Resolução n. 827/1993 do Conselho de Segurança das Nações Unidas, com competência para processar e julgar crimes de genocídio, crimes contra a humanidade e violações às convenções sobre guerras. Essa corte emitiu 83 decisões condenatórias definitivas, registrou 19 absolvições e proferiu 37 decisões declaratórias de extinção da punibilidade por morte dos acusados.

Dentre os condenados, destaca-se Radovan Karadzic, ex-presidente da Republika Srpska (entidade sérvia da Bósnia e Herzegovina). Preso em 21 de julho de 2008, recebeu a pena de quarenta anos de prisão em regime fechado, em 24 de março de 2016 (a sentença inicial foi depois aumentada para prisão perpétua em apelação, em 2019). Karadzic sofreu condenações por genocídio em face da limpeza étnica da população muçulmana em Srebrenica e pelos cercos e assédios a Sarajevo.

Outro condenado de peso foi o general Ratko Mladic, comandante do exército servo-bósnio. Apelidado de "carniceiro dos Bálcãs" ou "carniceiro de Srebrenica", ficou foragido, sob proteção de militares, por dezesseis anos, sendo finalmente preso em 2011. Durante a fuga, cada noite dormia em um quartel diferente, num corporativismo que desafiava o Direito Internacional e os esforços de captura. Mladic foi condenado à prisão perpétua. O então general Mladic comandou diretamente o genocídio em Srebrenica, onde foram mortos mais de 8 mil homens e meninos bósnios muçulmanos.

A cidade de Srebrenica, no leste da Bósnia e Herzegovina, quando do genocídio, encontrava-se sob a suposta proteção de uma força especial das Nações Unidas (a unidade holandesa Dutchbat, parte da Força de Proteção das Nações Unidas). Essa unidade da ONU, em circunstâncias controversas, não conseguiu impedir o massacre, assistindo, de forma considerada por muitos como omissa, ao crime de genocídio em continuação delituosa, consumado principalmente no período de 11 a 22 de julho de 1995.

Essa corte das Nações Unidas para a ex-Iugoslávia foi formalmente dissolvida em 31 de dezembro de 2017. A chamada limpeza étnica na Bósnia consumou-se no arco temporal de 1992 a 1995. Com a extinção do TPIJ, os processos remanescentes e funções residuais foram transferidos para o Mecanismo Residual Internacional para Tribunais Penais (IRMCT).

A segunda Corte de Justiça *ad hoc*, também não castrense, foi o Tribunal Penal Internacional para Ruanda (TPIR ou ICTR), criado para julgar os responsáveis pelos crimes de genocídio e outras violações graves do Direito Internacional Humanitário cometidos em Ruanda entre 1º de janeiro e 31 de dezembro de 1994, envolvendo principalmente as etnias Hutu e Tutsi. A corte funcionou em Arusha, na Tanzânia, por falta de segurança em Ruanda.

Em decorrência das experiências com esses tribunais *ad hoc*, nasceu a ideia de criação de um tribunal penal internacional permanente, o TPI, que se materializou, ao final da Conferência Diplomática de Plenipotenciários das Nações Unidas, com a adoção do Estatuto de Roma em 17 de julho de 1998. A aprovação do Estatuto do TPI deu-se por 120 votos favoráveis, 21 abstenções e apenas sete contrários. Os sete Estados-membros contrários foram, como vimos, Estados Unidos, China, Filipinas, Índia, Israel, Turquia e Sri Lanka.

Pelo projeto aprovado do TPI, a sede ficou estabelecida em Haia, a mesma cidade holandesa onde funciona a CIJ. O TPI é composto por dezoito juízes com mandato de nove anos, não renovável, e que representam os principais sistemas jurídicos mundiais.

Parêntese.

Por meio de Proposta de Emenda à Constituição (PEC), tramita no Congresso Nacional a iniciativa de instituir mandatos por prazo determinado para os ministros do Supremo Tribunal Federal (STF) brasileiro. Seria um modelo de mandato semelhante ao previsto para os juízes do Tribunal Penal Internacional (TPI) e para os membros das cortes constitucionais da Itália e da Alemanha.

O projeto, contudo, parece omitir a restrição a um único mandato, como ocorre no TPI. Ademais, os atuais ministros do STF, dada a sua condição de vitaliciedade adquirida quando empossados e em exercício jurisdicional, não seriam atingidos pela eventual mudança, ou seja, continuariam com a investidura até a aposentadoria compulsória ou voluntária.

Fechado o parêntese.

Junto ao Tribunal Penal Internacional (TPI), volto a destacar, atua com autonomia e independência o Ministério Público Internacional (MPI). Este detém a titularidade exclusiva para propor ações penais, com fulcro no princípio da obrigatoriedade, ou seja, sem poder discricionário sobre a oportunidade e conveniência de não ajuizar a ação penal. O TPI, por sua vez, tem competência para processar, instruir e julgar, em instância única, os crimes de guerra, de genocídio, contra a humanidade e de agressão internacional.

Contudo, uma porta para a impunidade ficou aberta aos Estados que aprovaram o Tratado de Roma e se submeteram à jurisdição do TPI. Trata-se da cláusula *opting out*, aplicável apenas aos casos de crimes de guerra. Por meio dessa cláusula, o Estado Parte envolvido pode, por seu representante, emitir uma declaração de não aceitação da jurisdição do TPI para esses crimes por um período de sete anos.

Por evidente, tal mecanismo representa uma porta de saída que fragiliza a autoridade do TPI e afronta o princípio da isonomia.

Corte Internacional de Justiça (CIJ)

A Corte Internacional de Justiça (CIJ) foi criada em 1945 e está instalada em Haia, no Palácio da Paz. Ela sucedeu a Corte Permanente de Justiça Internacional (criada em 1921), que se tornou inoperante após a invasão da Holanda durante a Segunda Guerra Mundial.

Como salientado anteriormente, a CIJ não possui competência concorrente com o Tribunal Penal Internacional (TPI). Suas atribuições são tanto jurisdicionais quanto administrativas, e ela sempre desempenhou um papel crucial na interpretação da Carta das Nações Unidas e do direito internacional. Estabelecida como o principal órgão judicial das Nações Unidas, seus quinze juízes são eleitos pela Assembleia Geral e pelo Conselho de Segurança da ONU.

Todos os magistrados da CIJ possuem imunidade diplomática e decidem os casos com base no direito ou, se as partes concordarem, por equidade. A Corte atua somente quando sua jurisdição é aceita pelos Estados envolvidos em uma disputa e também pode emitir decisões sobre controvérsias de natureza política. Além disso, a CIJ opera como corte arbitral; nesse caso, suas decisões só são vinculantes se as partes envolvidas tiverem declarado antecipadamente que aceitarão o veredito. A CIJ também tem o dever de fornecer pareceres consultivos, sem força vinculante, quando solicitada pela Assembleia Geral ou pelo Conselho de Segurança.

Recentemente, a CIJ foi acionada pela África do Sul. Em um requerimento datado de 29 de dezembro de 2023 e assinado pelo presidente Cyril Ramaphosa, o país solicitou que a CIJ, diante da guerra entre Hamas e Israel, declarasse a ocorrência do crime de genocídio por parte de Israel. A petição inicial, com 84 laudas, fundamentou-se no artigo IX da Convenção para a Prevenção e Repressão do Crime de Genocídio. O argumento jurídico central da África do Sul assenta-se na alegação de que Israel teria como meta "destruir os palestinos de Gaza". Israel, por sua vez, aceitou a jurisdição da CIJ para este caso e apresentou sua defesa por meio de advogados.

Embora até o momento da escrita deste texto ainda não houvesse uma decisão final da CIJ sobre o mérito da questão, já se especulava que a iniciativa do presidente sul-africano teria tido um objetivo político-eleitoral para o partido fundado, entre outros, por Nelson Mandela. Com o falecimento de Mandela e a ausência de lideranças de igual estatura, o partido vinha enfrentando acusações populares de negligência em relação aos direitos humanos.

Tanto a CIJ quanto o TPI têm importância fundamental no atual momento histórico, caracterizado pelo reconhecimento da relevância dos direitos da pessoa humana, do Estado

Democrático de Direito, das liberdades individuais e públicas, e pela necessidade de impor um freio a autocratas e ditadores. É de se ressaltar que o TPI, em sua competência jurisdicional, visa não deixar impunes autores, partícipes e cúmplices de crimes graves, assegurando sempre o devido processo legal e a ampla defesa, de modo a não punir inocentes.

4
Genocídio

Nasce um neologismo

O primeiro desabafo de Churchill

Contam os historiadores que Winston Churchill fez dois desabafos significativos ao término da Segunda Guerra Mundial. No primeiro deles, dirigido a jornalistas, Churchill frisou: "Os nazistas perpetraram ações inimagináveis para as quais não existiam tipificações criminais específicas, definições legais". Com essa afirmação, Churchill referia-se ao que viria a ser conhecido como o crime de genocídio.

O termo "genocídio" foi cunhado pelo jurista polonês de origem judaica Raphael Lemkin (nascido em junho de 1900 e falecido em agosto de 1959, vítima de infarto fulminante em seu escritório de advocacia). Lemkin, profundo conhecedor do grego antigo e do latim, uniu a palavra grega γένος (genos), que significa raça, etnia, família, ao termo latino *caedere* (matar), do qual deriva *cidium* (assassinato). Esse neologismo apareceu pela primeira vez em sua obra de 1944, intitulada *Axis Rule in Occupied Europe*.

Lemkin detalhou o raciocínio por trás do termo "genocídio" em sua obra autobiográfica, *Totally Unofficial: The Autobiography of Raphael Lemkin*. Sua explicação, irrespondível, pode ser sintetizada no seguinte pensamento, frequentemente atribuído a Nelson Mandela, que reflete o espírito da luta contra o ódio que Lemkin também personificava: "Ninguém nasce odiando outra pessoa pela cor de sua pele, por sua origem ou religião. Para odiar, as pessoas precisam aprender; e se podem aprender a odiar, podem ser ensinadas a amar".

É importante destacar que Lemkin originalmente concebeu o termo "genocídio" ao refletir sobre o massacre dos armênios promovido pelos turcos otomanos durante a Primeira Guerra Mundial (1914-1918). Por influência de Lemkin, o termo ingressou no direito internacional público e foi admitido no julgamento realizado pelo Tribunal Militar Internacional de Nuremberg. Aliás, o primeiro emprego formal da palavra "genocídio" em um tribunal, pela acusação, ocorreu no julgamento de Hermann Göring, fundador da Gestapo e comandante da Luftwaffe. Lemkin atuou como consultor nesse tribunal e teve, ainda, papel fundamental na Assembleia Geral das Nações Unidas de 9 de dezembro de 1948.

Nessa histórica Assembleia da ONU, foi aprovada, por votação unânime, a Convenção para a Prevenção e Repressão do Crime de Genocídio, que entrou em vigor em 12 de janeiro de 1951. Destaco alguns itens aprovados, em grande parte devido ao conhecimento específico e à autoridade moral de Lemkin. Para reflexão, seguem algumas das condutas tipificadas:

- A intenção de destruir, no todo ou em parte, um grupo nacional, étnico, racial ou religioso, *como tal*.
- Assassinato de membros do grupo.
- Atentado grave à integridade física ou mental de membros do grupo.
- Sujeição intencional do grupo a condições de existência capazes de provocar sua destruição física, total ou parcial.
- Imposição de medidas destinadas a impedir nascimentos no seio do grupo (como esterilização, aborto forçado, impedimento à procriação e ao matrimônio).
- Transferência forçada de crianças do grupo para outro grupo.

Atenção: o crime de genocídio é considerado o mais grave dos crimes contra a humanidade. A Convenção estabeleceu que aqueles que o cometem, sejam governantes (mandatários, chefes de Estado e de governo), funcionários civis ou militares, ou simples cidadãos, devem ser considerados pessoal e individualmente responsáveis e, portanto, submetidos a julgamento em tribunal nacional ou internacional. Como já visto, compete ao Tribunal Penal Internacional (TPI) o julgamento dos responsáveis por crimes de genocídio, que é sempre um crime doloso.

Pelo Direito Internacional consuetudinário (o direito das gentes), os crimes de genocídio e contra a humanidade são imprescritíveis e comportam o dever de reparação, incluindo indenização. A existência da Convenção não impede que os

Estados-membros das Nações Unidas tipifiquem o crime de genocídio em suas legislações internas. O Código Penal francês, por exemplo, em sua reforma de 1992 (que entrou em vigor em 1994), passou a prever a conduta genocida, abrangendo a destruição de qualquer grupo "determinado segundo um critério arbitrário".

Analisando a Convenção e diversas legislações penais, podemos identificar alguns elementos fundamentais na caracterização do genocídio: (1) a intenção específica (*dolus specialis*) ou o planejamento de eliminação, total ou parcial, de um grupo humano visado; (2) frequentemente, o Estado como agente organizador dessa planificação, embora não exclusivamente; (3) um ou mais atos criminosos dirigidos contra pessoas em razão de sua pertença a um grupo nacional, étnico, racial ou religioso.

O segundo desabafo de Churchill e a justiça dos vencedores

Retomando Winston Churchill, seu segundo desabafo ocorreu em uma conversa com Josef Stálin sobre o destino dos líderes nazistas derrotados. Ciente de que as cláusulas do Tratado de Versalhes referentes a crimes violentos haviam sido largamente ignoradas após a Primeira Guerra, Churchill, num momento de aparente pragmatismo brutal, sugeriu a Stálin que talvez tivesse sido melhor a execução sumária dos inimigos no momento da captura.

Essa sugestão motivou uma resposta que, vinda de Stálin, o líder georgiano sanguinário, apontado por muitos como responsável pelo Holodomor (o genocídio pela fome que vitimou inúmeros ucranianos), soou como uma irônica lição de Direito. Stálin, cinicamente, retrucou que na União Soviética "nós não julgamos sem processo". O líder soviético sabia bem que a garantia do devido processo legal (*due process of law*), cuja origem remota para muitos reside na Magna Carta de 1215 imposta ao arbitrário rei João Sem-Terra, era uma tradição fundamental do sistema jurídico britânico.

O debate sobre genocídio no contexto de Gaza

Diante da ofensiva de Israel na Faixa de Gaza, em reação ao ataque terrorista do Hamas de 7 de outubro de 2023, uma reação que muitos analistas e observadores internacionais consideram excessiva e desproporcional, potencialmente descaracterizando a legítima defesa, a discussão sobre a conduta israelense rapidamente se intensificou. A propaganda de guerra foi impiedosa e tocou num ponto extremamente sensível: o povo judeu, vítima da Shoah (o Holocausto), estaria agora cometendo o crime de genocídio em Gaza. Esse foi o teor que permeou parte significativa do debate público.

Como um rastilho de pólvora, espalhou-se mundo afora a indagação: consumou-se ou não genocídio em Gaza? Nesse contexto, a propaganda de guerra carimbou a antecipada condenação de Israel. Nos protestos pró-Palestina, abundaram cartazes com acusações contundentes, muitos deles sustentando a ideia de que o povo que sofreu com o nazismo teria adotado táticas semelhantes contra os palestinos – uma mensagem vista, por exemplo, nos câmpus de universidades norte-americanas.

Tecnicamente, contudo, e sobre isso a Corte Internacional de Justiça (CIJ) terá a palavra final, diante da ação movida pela África do Sul, o dolo específico (a intenção indubitável de destruir o grupo, no todo ou em parte) deverá ser examinado à luz de provas concretas. No direito internacional, não se pode presumir o dolo para o crime de genocídio. Até o momento, em casos de genocídio, nunca se aplicou a figura do dolo eventual (onde o agente não deseja diretamente o resultado, mas assume o risco de produzi-lo). Dada a gravidade desse crime, acertadamente, apenas o dolo direto, e jamais o eventual, serve à sua tipificação.

O autor argumenta que se deve considerar o fato de Israel ter, em determinados momentos, interrompido os bombardeios em Gaza para permitir a distribuição de ajuda e a vacinação de crianças palestinas por organismos internacionais. Tal conduta representaria um forte indício da ausência da intenção de eliminação do povo palestino. Outros indicativos apontados seriam os pré-avisos de bombardeios, a distribuição de panfletos e o uso de gravações instruindo deslocamentos da população civil, além da oferta de recompensas por delações, visando, supostamente, a um conflito breve e focado nos combatentes do Hamas e da Jihad Islâmica Palestina.

Outro ponto importante: a guerra não chegou à Cisjordânia, território onde também habitam palestinos. Notemos que o Hamas governava Gaza, mas nunca controlou efetivamente a Cisjordânia, que é administrada em diferentes áreas pela Autoridade Nacional Palestina. Desse modo, deixando de lado a "propaganda de guerra", a análise técnica da tipificação do crime de genocídio, conforme os elementos expostos anteriormente, leva a um enquadramento incorreto no caso de Gaza.

Lembremos que o lançamento das bombas atômicas sobre Hiroshima e Nagasaki pelos Estados Unidos, ao final da Segunda Guerra, gerou acirrados debates no direito internacional sobre a possível tipificação de genocídio. A maioria dos juristas, no entanto, apontou para outros crimes, como crimes de guerra ou contra a humanidade, argumentando que os Aliados não tinham a intenção específica de eliminar o povo japonês como grupo, nem de "cancelar o Japão" como nação.

Talvez valha aqui, referentemente ao genocídio, lembrar a famosa frase da filósofa e escritora francesa Simone Weil (1909-1943): "Por trás de todo erro de vocabulário (terminologia), existe um erro de pensamento".

No caso de Israel e das ações em Gaza, estão bem caracterizados crimes contra a humanidade e crimes de guerra, com corresponsabilidade de seu primeiro-ministro, Benjamin Netanyahu. Israel deu início a uma reação defensiva inicialmente legítima, mas, como estabelece o direito internacional, o excesso no emprego da força descaracterizou essa legitimidade.

Responsabilidade individual, crimes de guerra e outros contextos

Conforme será detalhado em item posterior sobre crimes de guerra, as Convenções de Genebra (são quatro principais, datadas de 1949) e seu Protocolo Adicional I, de 1977 (relativo à proteção das vítimas de conflitos armados internacionais), reforçaram o princípio da responsabilidade penal individual, que abarca também os chefes de Estado e de governo. Em razão disso, Netanyahu será, seguramente, alcançado por essa responsabilidade. A responsabilização individual por crimes de guerra em conflitos internacionais passou a ser mais firmemente admitida e aplicada no direito internacional a partir da década de 1990, com a criação dos tribunais penais internacionais *ad hoc* (como os que atuaram nos casos da ex-Iugoslávia e de Ruanda) e, posteriormente, com o Estatuto de Roma, que estabeleceu o TPI.

Trocando em miúdos: tanto Vladimir Putin, ao ordenar ataques contra civis inocentes na Ucrânia, em especial em cidades como Kiev, quanto Benjamin Netanyahu, em relação às ações contra palestinos que não participam diretamente das hostilidades em Gaza, violaram as Convenções de Genebra e seus Protocolos Adicionais. Frise-se, a título de exemplo, que a Rússia atacou, em março de 2022, um hospital infantil e maternidade em Mariupol, na Ucrânia, atingindo mães em trabalho de parto. Retomando: a responsabilidade individual, capaz de alcançar chefes de governo e de Estado, integra o direito internacional público (o "direito das gentes") de forma consolidada, especialmente a partir dos desenvolvimentos do final do século XX. A competência jurisdicional para tais crimes é do TPI.

A regra básica olvidada pelo chefe de Estado e de governo da Federação Russa e pelo chefe de governo do Estado de Israel é a obrigação de conduzir as hostilidades com distinção e proteção aos civis, que são frequentemente as grandes vítimas dos conflitos armados. A violação dessa regra determina a responsabilidade penal do indivíduo.

Outra lembrança importante refere-se ao Sudão. Relatórios do final de 2023 e de 2024 apontaram para a possível consumação de genocídio, particularmente em Darfur, por parte do grupo paramilitar Forças de Apoio Rápido (RSF, na sigla em inglês), guiado por Mohamed Hamdan Dagalo (conhecido como "Hemedti"). Seu grupo, que aspira ao poder, trava uma luta brutal contra as Forças Armadas Sudanesas (SAF), comandadas pelo general Abdel Fattah al-Burhan.

Esse conflito, até meados de 2024, já havia causado um número estimado de mortos na casa das dezenas de milhares, talvez chegando a 150 mil. O governo sudanês conta com apoio do Egito e da Turquia, enquanto os rebeldes de Dagalo, segundo serviços de inteligência europeus, receberiam apoio dos governos da Líbia, Emirados Árabes Unidos e Chade. A região de Darfur, em particular, tem sido palco de violência extrema, sendo frequentemente citada como uma das áreas mais perigosas e afetadas por atrocidades no planeta.

Crimes de guerra e contra a humanidade

Nos conflitos armados, sejam eles internacionais ou internos, as normas do Direito Internacional Humanitário (DIH) têm sido permanentemente violadas. Exemplos dessas violações incluem a tortura ou morte de prisioneiros de guerra, o recrutamento de crianças para combate, ataques contra pessoal em missão humanitária, violência contra membros de forças internacionais de paz (os chamados "capacetes-azuis" ou *peacekeepers*), o uso de escudos humanos, o emprego de armas químicas e biológicas, o uso de armas laser que causem cegueira permanente, a promoção deliberada da fome entre a população civil e o ato de privá-la de água, entre outros.

Inicialmente, com base sobretudo nas Convenções de Genebra de 1949, o conceito de crime de guerra era reconhecido primordialmente em conflitos internacionais, os chamados conflitos externos. A Carta do Tribunal Militar de Nuremberg, que definiu e elencou os crimes de guerra, demarcou seu âmbito jurisdicional como "violações das leis ou dos costumes de guerra". Com o tempo, contudo, a ocorrência de crimes de guerra passou a ser admitida também em conflitos armados internos, travados entre um Estado e grupos opositores organizados. Assim, quando, em um conflito bélico – seja ele internacional ou interno –, nos deparamos com ações desumanas que violam as normas do direito internacional, a tipificação de crime de guerra logo vem à mente.

À luz do direito internacional, os crimes de guerra podem ser compreendidos em categorias gerais, como: graves violações às Convenções de Genebra; outras violações sérias das leis e costumes aplicáveis em conflitos armados internacionais; e, em caso de conflito armado de caráter não internacional, violações sérias do artigo 3º comum às quatro Convenções de Genebra, bem como outras violações sérias das leis e costumes aplicáveis. De forma mais didática, podem envolver:

- Crimes contra pessoas protegidas (como civis, feridos, náufragos, prisioneiros de guerra).
- Crimes contra bens protegidos (como hospitais, escolas, asilos, bens culturais e religiosos).
- Crimes relacionados ao emprego de métodos de combate proibidos (como perfídia ou o uso de certas armas).
- Crimes relacionados ao emprego de meios de combate proibidos (como armas que causem sofrimento desnecessário).

Os crimes contra pessoas protegidas, por exemplo, podem ocorrer tanto em conflitos internacionais quanto internos, e as vítimas, evidentemente, podem ser de qualquer nacionalidade. Além das violações a tratados, também caracteriza crime de guerra a transgressão de regras costumeiras do direito internacional humanitário.

Atenção: os Estados têm a obrigação de investigar a materialidade e a autoria de crimes de guerra e de submeter os suspeitos ao devido processo legal. Vigora, nesse sentido, o antigo princípio do "*aut dedere aut judicare*" (entregar ou julgar). Isso significa que cada Estado parte das Convenções de Genebra (e, por extensão ou costume, outros Estados) tem a obrigação de processar, consoante o direito internacional, os autores de crimes internacionais graves ou de extraditar os suspeitos para outro Estado que o fará, caso solicitado.

O princípio do *aut dedere aut judicare* encontra-se estabelecido nas quatro Convenções de Genebra de 1949: nos artigos 49 e 50 da Primeira Convenção; nos artigos 50 e 51 da Segunda Convenção; nos artigos 129 e 130 da Terceira Convenção; e nos artigos 146 e 147 da Quarta Convenção.

Diante dos inúmeros regramentos existentes e das persistentes violações, volto a repetir mais uma vez conclusão da qual estou convencido: num conflito internacional, a primeira vítima é frequentemente o próprio direito das gentes, o direito internacional público.

Parêntese.

Para usar uma expressão popular, crimes de guerra e crimes contra a humanidade ocorrem "às pencas", reflexo da proliferação de conflitos armados em escala global. Para se ter uma ideia, em anos recentes (como observado em 2024), muitos cidadãos comuns nem sequer imaginavam quantos conflitos armados, ou guerras em sentido amplo, estavam em curso no mundo. A grande maioria recordava-se apenas dos dois conflitos mais proeminentes nos noticiários: a invasão da Ucrânia pela Rússia e a ofensiva de Israel na Faixa de Gaza.

Dados não oficiais, compilados por operadores do direito internacional e por estudiosos de geopolítica, indicavam, em 2024, a existência de aproximadamente 59 guerras. O número de vítimas nesses conflitos alcançou patamares alarmantes, com uma quantidade significativa na Faixa de Gaza. Esses cálculos incluem civis – palestinos e ucranianos, entre outros – que, não sendo partícipes das lutas, são considerados, à luz do direito internacional, vítimas inocentes. Nesse mesmo ano de referência (2024), o número de vítimas fatais em conflitos globais atingiu cerca de 233 mil, um aumento considerável em relação ao ano anterior (2023), que registrou aproximadamente 179 mil mortes.

Fechado o parêntese.

Um ponto importante e evolutivo a se destacar nos regramentos internacionais refere-se aos crimes contra a humanidade. Diferentemente de alguns crimes de guerra, eles podem ser consumados tanto em tempo de paz quanto durante conflitos armados.

Exemplos de crimes contra a humanidade que podem ocorrer em tempo de paz (ou guerra):

- Redução à condição análoga à de escravo.
- Prostituição forçada.
- Tortura.
- *Apartheid* ou outros atos desumanos de caráter semelhante que causem grande sofrimento ou atentem gravemente contra a integridade física ou a saúde física ou mental.

Exemplos de crimes contra a humanidade que podem ocorrer a qualquer tempo (paz ou conflito armado), frequentemente como parte de um ataque generalizado ou sistemático dirigido contra uma população civil:

- Transferência forçada de população.
- Extermínio.
- Deportação.
- Esterilização forçada.
- Estupro como arma de guerra.
- Perseguições contra qualquer grupo ou coletividade que possa ser identificado, por motivos políticos, raciais, nacionais, étnicos, culturais, religiosos, de gênero, ou outros motivos universalmente reconhecidos como inadmissíveis pelo direito internacional.

Apesar de os regramentos e tipificações à luz do direito internacional serem relativamente claros, a grande dificuldade, como já reiterado, reside na efetivação da jurisdição internacional e no cumprimento de seus julgados.

No campo do "direito das gentes", surgiram também vários neologismos para descrever atrocidades, como o termo "democídio". Este foi cunhado de forma análoga ao "genocídio" de Raphael Lemkin (exposto anteriormente), juntando a palavra grega *demos* (povo) com a latina *cidium* (derivada de *caedere*, matar). O neologismo "democídio" é atribuído ao cientista político norte-americano Rudolph Joseph Rummel, professor da Universidade do Havaí. Ele o definiu como a eliminação de qualquer pessoa ou grupo de pessoas por parte do governo de seu próprio país. Dada a amplitude da definição, ela abrange diversas situações, como limpeza étnica, extermínio em massa, deportação e desaparecimento forçado.

Um exemplo trágico no contexto brasileiro, ocorrido durante a ditadura militar (1964-1985), foi o caso do engenheiro e ex-parlamentar Rubens Paiva, considerado um caso de desaparecimento forçado. Essa ação configura terrorismo de Estado e, sob a ótica internacional, se enquadraria como um crime contra a humanidade – imprescritível, conforme convenções das Nações Unidas. No entanto, para o Supremo Tribunal Federal (STF) brasileiro, essa bárbara forma de assassinato, que o professor Rummel classificaria como democídio, teve sua punibilidade extinta, ao se considerar a Lei de Anistia brasileira como ampla, geral e irrestrita, uma interpretação que gera contínuos debates e contestações à luz dos compromissos internacionais do Brasil em matéria de direitos humanos.

Com efeito, o Estatuto de Roma, que criou o Tribunal Penal Internacional (TPI), tipificou, em rol taxativo (*numerus clausus*, não exemplificativo, por se tratar de tipos penais), os crimes contra a humanidade. O elenco é longo e detalhado. Um ponto relevante nesse rol diz respeito ao "ataque, generalizado ou sistemático, contra qualquer população civil, havendo conhecimento desse ataque".

É com base nessa definição que o ataque reiterado de Israel na Faixa de Gaza, que colocou em risco e matou civis inocentes, tipifica crime contra a humanidade. O TPI, a esse respeito, possui jurisprudência consolidada que exige, para a configuração de tais crimes, a demonstração de que os atos foram cometidos como parte de uma política de um Estado ou de uma organização que tenha o objetivo de cometer tal ataque, ou para promover tal política. Isso inclui organizações que exercem controle de fato sobre um território, como grupos terroristas ou outras organizações com capacidade de perpetrar ataques em larga escala.

5
Caldeirão israelo-palestino

Em sentido figurado, "caldeirão" sugere agitação vigorosa, onde se misturam fatores variados. No Oriente Médio, existe um antigo caldeirão: o conflito israelo-palestino, cuja origem remonta à Primeira Guerra Mundial.

Nesse cenário, a vítima de sempre é o Direito Internacional. A Resolução n.181 das Nações Unidas, de 1947, estabeleceu a divisão da Palestina em dois Estados nacionais: o de Israel e o da Palestina. Apenas um deles, no entanto, foi rapidamente implantado. Isso evidencia que a Resolução n.181, fruto de um pacto entre as nações e, no caso, aprovada por votação majoritária democrática, não foi cumprida integralmente.

No Direito Internacional, são cogentes e imperativas as normas que tutelam valores fundamentais da comunidade internacional, a exemplo da autodeterminação dos povos. Outro desses valores fundamentais é o princípio *pacta sunt servanda*,[1] consoante previsto no artigo 103 da Carta das Nações

1 Os juristas italianos definem o *pacta sunt servanda* uma norma formal, que representa um dos princípios fundamentais do Direito Internacional. Ela

Unidas: "No caso de conflito entre as obrigações dos Estados-membros das Nações Unidas em virtude da presente Carta e as obrigações resultantes de qualquer outro acordo internacional, prevalecerão as obrigações assumidas em virtude da presente Carta".

Em outras palavras, as obrigações estabelecidas na Carta das Nações Unidas referentes à proteção de valores fundamentais da comunidade internacional estão acima de quaisquer outros acordos, especialmente quando estes geram incompatibilidades com os princípios da Carta.

O caldeirão do Oriente Médio começou a agitar-se intensamente pouco antes da Primeira Guerra Mundial, quando britânicos, franceses e russos, com objetivos colonialistas, resolveram pôr fim ao Império Turco Otomano. Esse movimento coincidiu com o desejo do povo hebreu (judeu) de voltar ao seu lar ancestral.

Tratava-se de um anseio pelo retorno ao lugar ocupado pelos seus antepassados desde tempos imemoriais, e do qual foram expulsos há mais de dois mil anos.

A terra almejada, o antigo lar, estava, entretanto, ocupada pelos palestinos. Lá, em Jerusalém, havia uma colina chamada pelos hebreus de Sion. Dessa colina, Sion, derivou o termo "sionismo", que, segundo dicionários de história, designa o

---

estabelece a imprescindível obrigação de os Estados cumprirem as estipulações assumidas. Para muitos, esse princípio de fórmula romana tem origem no Direito Canônico, sendo utilizado em respostas a consultas e constando nas decretais papais.

movimento político de "volta ao lar natal". Esse movimento teve início em 29 de agosto de 1897, na Suíça, mais especificamente na Basileia.

Coube ao jornalista judeu Theodor Herzl, nascido na Hungria em maio de 1860, organizar e realizar o Primeiro Congresso Sionista. Existiam então 354 associações sionistas espalhadas pelo mundo. Como resultado desse encontro, no Segundo Congresso, o número já havia saltado para 796 associações.

O tema central do congresso em terra helvética foi a discussão sobre o retorno dos judeus ao que chamavam de lar. Os hebreus italianos (na Itália, usa-se a palavra "ebreo", e não "judeu") preferiram utilizar o carinhoso termo "*focolare*" (lareira) para se referir a essa passagem histórica sonhada por Herzl. Isso ocorreu em um momento, como ele próprio registrou, em que o antissemitismo estava novamente em alta, exemplificado na França pelo escândalo político farsesco que vitimou o capitão Alfred Dreyfus. Ao final do encontro, a proposta de retorno foi aprovada e estabeleceu-se, como meta futura, a constituição de um Estado nacional.[2]

---

2 O trabalho proposto por Herzl está documentado em artigos de sua autoria, publicados nas edições de dezembro de 1896 e janeiro de 1897 da *Nouvelle Revue Française Internationale*. Em 1949, por ocasião do primeiro aniversário do Estado de Israel, seus escritos foram editados e difundidos no livro intitulado *O Estado judeu*. A edição brasileira é apresentada por David José Perez.

Herzl acreditou ter idealizado um plano prático e exequível para que o objetivo fosse rapidamente atingido. Em maio de 1898, ele estabeleceu o bem-sucedido Jewish Colonial Trust, que se tornou o coração financeiro do plano, fornecendo suporte para a iniciativa de criação do Estado judeu, o lar nacional.

Atenção: não houve, inicialmente, objeção ou grande preocupação dos árabes quanto ao retorno dos hebreus à Palestina. À época, a principal preocupação dos árabes era outra, tanto que, diante desse outro tema premente, organizaram o Congresso Nacional Árabe em Paris, no ano de 1913.

O tema central desse congresso árabe era distinto das questões tratadas no congresso sionista. No encontro árabe, discutiu-se o fim do Império Turco Otomano e o consequente restabelecimento das etnias e identidades árabes, nunca perdidas. Afinal, embora turcos e árabes sejam majoritariamente islâmicos, pertencem a etnias diferentes.

Parêntese.

Sobre as identidades não distinguidas, ocorreu um erro histórico. O Brasil recebeu inúmeros imigrantes árabes provenientes do Império Turco Otomano. Esses bem-vindos imigrantes, que tiveram grande e notória importância no desenvolvimento do Brasil, portavam passaporte turco otomano, e tal documento não distinguia a etnia, como se todos fossem turcos.

Em razão disso, os árabes, no Brasil, foram erroneamente identificados e passaram a ser chamados de "turcos".

Cada grupo, no entanto, sempre proclamou a sua verdadeira etnia, e suas sociedades e associações civis receberam as nomenclaturas pertinentes: libanesa, síria etc.

Fechado o parêntese.

Paralelamente ao programa sionista, outros fatores contribuíram para significativamente esquentar o caldeirão. Dentre esses, encontram-se, em primeiro lugar, os colonialistas britânicos, interessados no Oriente Médio e em tomar o lugar do Império Turco Otomano – fundado em 1299 e que se enfraquecera fortemente no final do século XIX.

A fim de derrubar aquele império, os britânicos saíram em busca de aliados. Correram atrás de árabes e judeus com promessas que, mais tarde, se revelariam enganosas. Faziam assim justiça à decantada esperteza inglesa, herdada dos tempos de antiga rainha, quando se divulgava que os outros (não ingleses) eram piratas perigosos, criminosos, assaltantes e ladrões. Os ingleses, por sua vez, eram apenas corsários e exibiam, antes do assalto, a "carta de corso", a autorização da rainha para subtrair bens, com o butim sendo partilhado posteriormente entre corsários e Coroa...

Dois foram os caminhos iniciais traçados pelo colonialismo britânico com a meta de tomar conta e usufruir economicamente do Oriente Médio. Primeiro, deu-se a aproximação com a dinastia hachemita, do líder Hussein e do emir Faiçal (posteriormente rei do Hejaz), controlador de Meca, a cidade santa do islamismo. Quanto aos judeus, o ministro britânico das Relações Exteriores, Arthur Balfour, enviou, em 1917, uma carta a Lorde Rothschild, líder da comunidade judaica da Grã-Bretanha. Nela, Balfour destacava o compromisso britânico com a criação, na Palestina, de um lar para o povo hebreu. A carta, aparentemente, significava adesão plena ao que fora objetivado pelos sionistas no congresso realizado na Suíça. Balfour rogou a Lorde Rothschild que encaminhasse o documento à Federação Sionista da Grã-Bretanha.

Tal carta passou para a história como a Declaração de Balfour. No fundo, um compromisso oficial, de aparência irretratável, dos britânicos para com o povo judeu. Os britânicos, no entanto, nunca cumpriram a Declaração de Balfour. Ocorreu uma farsa histórica, e Balfour sabia da falsidade ideológica contida na carta. Nos contatos e acertos com os líderes hachemitas, os britânicos enviaram um agente secreto, no papel de plenipotenciário: um oficial britânico que se transformaria, com o passar do tempo, no agente secreto mais conhecido do mundo. Como mostraram os livros e o cinema, esse oficial saiu completamente frustrado da tarefa, por ter sido usado, sem perceber, para enganar Faiçal.

Coube a esse agente, Thomas Edward Lawrence, depois apelidado de Lawrence da Arábia, a tarefa de prometer a Hussein e Faiçal, além da consolidação em Meca, um grande império, do Golfo Pérsico ao Mediterrâneo. Crédulos, Faiçal e o líder sionista Chaim Weizmann, embalados pelos britânicos, celebraram um documento de mútuo apoio ao partilhamento da Palestina prometido por Londres. Por sua vez,

Faiçal reconhecia um Estado para os judeus na Palestina. Essa harmonia durou até 1921, quando os árabes, sentindo-se enganados, reagiram em rebelião e passaram a considerar os judeus como aliados dos britânicos, embora estes também tivessem sido vítimas da trapaça. O ódio remexeu e esquentou o simbólico caldeirão.

Os britânicos, ao acalentar o sonho dos judeus, objetivavam atrair, pela pressão exercida por meio dos poderosos financistas norte-americanos de origem judaica, o envolvimento dos Estados Unidos na guerra iminente. A guerra veio (1914-1918), e a chamada Entente (composta por Inglaterra, França e Rússia) saiu vencedora. Os apoiadores do Império Turco Otomano – a Alemanha e o Império Austro-Húngaro – experimentaram a derrota e, com ela, a perda da influência na região.

O precipitado Lawrence da Arábia, como mostrado nas telas de cinema, saiu a comemorar por Damasco com o último modelo lançado pela Rolls-Royce. Lawrence, porém, decepcionou-se: foi o último a saber do engodo. Nada do que havia prometido pela sua boca era para valer, como demonstrou o acordo secreto Sykes-Picot, de partilha do Oriente Médio entre britânicos e franceses. Os diplomatas Mark Sykes (britânico) e François Georges-Picot (francês) assinaram, com base em cartas de plenos poderes, o secreto acordo de partilha. Um fato particular e agravante: o acordo, celebrado em 1916 pelos embaixadores, foi secretamente assinado antes mesmo de a guerra terminar. Em outras palavras, antes do fim do conflito, britânicos e franceses já haviam acertado como partilhar a região, com a Rússia aparentemente enfraquecida diante da Revolução de 1917.

Lawrence, envergonhado, deu baixa tão logo soube ter sido usado para mentir. Os britânicos quiseram aumentar seu protetorado (fórmula eufemisticamente utilizada), mas os franceses reagiram energicamente e ocuparam a Síria e o Líbano. Para integrar seu protetorado, os britânicos mantiveram a Transjordânia, a Palestina e o Iraque.

Winston Churchill, então secretário britânico para as Colônias, percebeu que Faiçal (comandante das revoltas árabes contra os turcos otomanos e que ajudara na queda desse império) poderia revoltar-se com o não cumprimento das promessas britânicas. Assim, a dinastia hachemita foi contemplada com o Iraque, e Faiçal tornou-se seu rei em 1921, governando até seu falecimento em 1933.

Saliente-se: o Iraque e a Transjordânia foram invenções de Winston Churchill para remediar o engano aos hachemitas, orgulhosos descendentes do profeta Maomé.

Os judeus, por seu turno, diante do "passa-moleque" britânico, ficaram a ver navios. Entretanto, por conta própria, e com o sonho de instalar um Estado judeu, chegaram à Palestina cerca de 12 mil sionistas. Também se estabeleceram na Palestina judeus que haviam comprado terras de latifundiários árabes que viviam fora da região.

Só depois da Segunda Guerra Mundial (1º de setembro de 1939 a 2 de setembro de 1945), os soviéticos, na ONU e mediante iniciativa do influente ministro soviético Andrei

Gromyko, propuseram um Estado-nação aos judeus. Fora da ONU, e pela boca demagógica de Stálin, ficou até mesmo prometida a cessão de parte do território soviético para a criação do Estado hebreu.

A partir da proposta de Gromyko e da pressão derivada do jogo de Stálin, surgiu a Resolução n.181 da ONU, ou melhor, o plano da ONU para a partição da Palestina. A aprovação da Resolução n.181 ocorreu em 29 de novembro de 1947, superada a cláusula de barreira de dois terços. Foi aprovada por 33 votos, com soviéticos e norte-americanos puxando a votação e usando o peso de suas influências.

Curiosidade: a Inglaterra absteve-se de votar a Resolução n.181 da ONU. Balfour, que chegou ao cargo de primeiro-ministro do Reino Unido, deve, como se diz jocosamente, ter se revirado no túmulo, onde fora enterrado em 1930.

Dentre os países da América do Sul, a Argentina, conhecido refúgio de nazistas no pós-Segunda Guerra, votou contra, assim como a Turquia e todos os Estados árabes. Estes últimos haviam, por questões geoestratégicas e geopolíticas, apoiado a Alemanha hitlerista na guerra.

Pela Resolução n.181 das Nações Unidas, aprovada, foram instituídos dois Estados nacionais: um judeu e outro palestino. Na mencionada resolução, a cidade de Jerusalém permaneceria sob administração internacional, dada a sua condição de cidade sagrada para judeus, muçulmanos e cristãos. Na esteira dessa mesma resolução, o Estado de Israel foi implantado em 14 de maio de 1948. Um Estado definido por muitos como social-democrata e judeu. Os que lá se fixaram começaram a ser chamados de israelenses.

Parêntese longo.

Como as comparações são inevitáveis, vamos a elas. Os dois grandes líderes políticos israelenses com dimensão de estadistas, David Ben-Gurion e Golda Meir, eram de esquerda.

Ben-Gurion (1886-1973), um judeu polonês, liderou o movimento sionista socialista e foi o primeiro chefe de governo de Israel. Em sua trajetória, antes de ser cofundador do Estado de Israel com Chaim Weizmann, Ben-Gurion manteve uma resistência aos britânicos, mais especificamente aos ingleses da Grã-Bretanha, por terem enganado os judeus, como já exposto e evidenciado pelo Acordo Sykes-Picot, de maio de 1916. Na resistência britânica anterior à implantação de Israel, historiadores apontam Ben-Gurion como apoiador da organização paramilitar antibritânica Irgun.

A essa organização atribui-se o ataque a bomba que destruiu o Hotel King David, em Jerusalém, em 22 de julho de 1946, resultando em 91 mortos. O hotel situava-se na região sob mandato britânico e abrigava funcionários do governo britânico na Palestina. Entre os mortos, contavam-se 28 britânicos, 41 árabes e 17 judeus.

Quanto a Golda Meir (1898-1978), uma judia ucraniana de Kiev, também de esquerda, era filiada ao partido político Mapai, posteriormente fundido ao Partido Trabalhista de Israel. Ela atuou no sindicato trabalhista sionista.

Muitos anos depois, Israel teve um primeiro-ministro de direita, Benjamin Netanyahu, apelidado de Bibi. Para se manter no poder e sustentar-se após o ataque de 7 de outubro de 2023, vale sempre repetir, aliou-se à extrema direita.

Embora dependesse do apoio bélico e financeiro dos Estados Unidos nas guerras contra o Hamas palestino e o Hezbollah libanês, o premiê Netanyahu desafiou, muitas vezes, o então presidente norte-americano Joe Biden. A todo momento, exibiu seu perfil filotrumpista. Com isso, buscou redimir-se de algo que Trump sentiu como descortesia ao final de seu primeiro mandato presidencial: "O homem (Netanyahu) por quem fiz mais do que por qualquer outra pessoa, cometeu um erro terrível, e que se foda (*fuck him*)". Tudo aconteceu porque Netanyahu cumprimentou o recém-eleito Biden sem antes se despedir de Trump.

O populista e oportunista Netanyahu, que, terminada a guerra, terá de responder a inquérito sobre as omissões que ensejaram a ação terrorista do Hamas, resistiu às sugestões pacificadoras de Biden para agradar à ultradireita, sua força de sustentação. Nesse ponto, contou com os extremistas de direita Itamar Ben-Gvir e Bezalel Smotrich, que foram alimentadores constantes dos desacordos entre Netanyahu e Biden. Esses dois extremistas incentivaram o discurso de Netanyahu de exterminar o Hamas e pressionaram o premiê a promover a anexação da Cisjordânia, nas históricas e antigas áreas da Samaria e Judeia.

A resistência de Netanyahu a Biden, que tanto agradou a Donald Trump, não permitia, como se pretendeu, qualquer comparação com a famosa frase de Moshe Dayan durante a Guerra dos Seis Dias, de 1967: "Os nossos amigos nos oferecem dinheiro, armas e sugestões. Nós aceitamos o dinheiro e as armas, mas refutamos, cortesmente, as sugestões".

Donald J. Trump e Benjamin Netanyahu, na ONU em 2018.

Netanyahu ganhou vários apelidos. Diante dos dissensos com Bill Clinton e Joe Biden, recebeu o designativo de "sepultador de presidentes".

O escritor, ex-diplomata e analista norte-americano Aaron David Miller, especializado em assuntos do Oriente Médio, em entrevista mencionada pelo jornal italiano *Corriere della Sera,* foi preciso ao sustentar que Netanyahu sempre escondeu suas ideias e intenções, promovendo a política expansionista de assentamentos ilegais na Cisjordânia. Em outra entrevista, desta vez ao *La Stampa,* em 29 de janeiro de 2023, relembra: "a fraqueza da Autoridade Palestina e a natureza atual do governo israelense representam os elementos de maior risco".

* * *

A Cisjordânia está dividida em três áreas administrativas pelos Acordos de Oslo: duas sob governo da Autoridade Nacional Palestina (áreas mapeadas como A e B) e uma sob controle de Israel desde a Guerra dos Seis Dias de 1967, correspondendo a 60% do território, onde ocorrem o *apartheid* e os assentamentos ilegais – estes multiplicados nos governos de Netanyahu.

As intenções de Netanyahu, assinaladas por Miller, não passam desapercebidas pelos dignitários americanos e, de maneira geral, por aqueles que buscam solução duradoura para a região. Barack Obama – que buscou uma paz estável, com um Estado palestino e um acordo com o Irã para interromper seu caminho nuclear para fins bélicos – expressou duramente sua irritação ao ouvir que seus esforços decorriam do desconhecimento das complexidades do confronto: "Bibi, sou um homem negro que cresceu no Havaí com uma mãe solteira e cheguei à Casa Branca. Você crê, verdadeiramente, que não conheço os exatos termos do conflito entre vocês (israelenses) e os palestinos?".

Fechado o longo parêntese.

Em face da Resolução n.181 da ONU e da instalação do Estado judeu, a Palestina foi invadida por Arábia Saudita,

Síria, Iraque, Jordânia e Egito. A partir de 1948, o caldeirão voltou a agitar-se pelos inconformismos, pois a Palestina havia sido esquecida. Muitos fatos trágicos se sucederam, e as tentativas de pacificação restaram frustradas. É relevante citar alguns desses fatos, tendo como marco inicial a Resolução n.181 (1947):

- Crise do Canal de Suez (1956): com a União Soviética empenhada na invasão da Hungria, Israel reagiu com força, usado como joguete pela Grã-Bretanha e França, interessadas na tomada do canal. Essa operação militar foi reprovada, e a ocupação, paralisada por acordo entre os dois maiores líderes mundiais da época: Dwight Eisenhower, presidente dos Estados Unidos, e Nikita Khruschov, primeiro-ministro soviético.
- Guerras dos Seis Dias (1967) e do Yom Kippur (1973).
- Acordos de Camp David (1979): paz entre Israel e Egito.
- Invasões do Líbano: a primeira em 1978, e a segunda, em 1982 (quando nasceu o Hezbollah), culminando no massacre nos campos de refugiados palestinos de Sabra e Chatila. O massacre foi perpetrado pela milícia cristã maronita em represália ao assassinato de Bachir Gemayel, presidente eleito do Líbano, dias antes de sua posse (1982).

Por duas vezes, a ONU emitiu resoluções sobre o Líbano: a 425 (1978) e a 1701 (2006). Pela Resolução n.425, o Conselho de Segurança da ONU determinou o fim das hostilidades entre Israel e o Hezbollah e constituiu a Força Interina das Nações Unidas no Líbano (Unifil), para atuar na fronteira, numa faixa de 120 km entre o mar Mediterrâneo, a oeste, e as colinas de Golã, a leste. Determinou-se, ainda, o desarmamento das milícias e que apenas o Exército regular libanês poderia ocupar a área ao norte do rio Litani. Contudo, em 2024, o Hezbollah bombardeava o norte de Israel em apoio ao ato terrorista do Hamas de 7 de outubro de 2023.

O bombardeio do norte de Israel acarretou um êxodo dos moradores da área. Iniciou-se, então, uma derivação da guerra com o Hamas, com Israel atacando regiões do Líbano sob controle do Hezbollah, o que ensejou a eliminação de seu comandante e de outras lideranças de peso.

- Deflagração da Intifada – rebelião palestina – na Cisjordânia e em Gaza (1987).
- Acordo de Paz entre Israel e a Organização para a Libertação da Palestina (OLP) (1993), com concessão do Prêmio Nobel da Paz a Yitzhak Rabin (assassinado em 1995), Shimon Peres e Yasser Arafat.
- Acordo de Paz entre Israel e Jordânia (1994).

Registre-se ainda – com a Jordânia já não reivindicando a área que veio a se chamar Cisjordânia –, como mais um elemento nessa fieira de fatos marcantes e definidores do panorama atual, a intensificação abusiva dos assentamentos israelenses em terra palestina e o controle israelense de parte de Jerusalém Oriental.

Em meio ao cenário resultante dessa sequência de eventos, a decadência ético-moral da atual Autoridade Nacional Palestina (conhecida em documentos oficiais e na ONU como Estado da Palestina) enfraqueceu a implantação do Estado Palestino. O desprestígio e a decadência, com acusações de corrupção, ocorreram a partir do governo do controvertido Mahmoud Abbas (Abu Mazen) nas duas áreas da Cisjordânia sob sua administração (áreas A e B). Esses fatos internos à comunidade palestina constituíram mais um obstáculo ao erguimento desse Estado, previsto pelos Acordos de Oslo (1993) e pelo Acordo Gaza-Jericó (1994). Nessa mesma direção, também como fator contrário a isso e igualmente decorrente de dinâmica interna aos palestinos, não se deve olvidar o conflito em Gaza entre o Hamas e o Fatah, após as eleições de 2006.

A soma desses elementos se mostrou intransponível a uma solução que fizesse justiça ao que previa a Resolução n.181. Isso fica evidente mesmo nas mais recentes intervenções diplomáticas envolvendo o Oriente Médio. No governo do então presidente norte-americano Joe Biden, seu secretário de Estado, Antony Blinken, nas tentativas frustradas de acordo para a cessação da guerra entre Israel e Hamas, sempre enfrentou, como se sabe, enormes dificuldades. E isso ocorreu embora apresentasse, como não se cansou de frisar, um binômio atraente: Palestina independente e Israel seguro. Um dos problemas seria justamente a aceitação do governo de Abu Mazen na Faixa de Gaza, uma vez unificada à Cisjordânia.[3]

Mahmoud Abbas nunca gozou de grande prestígio entre os palestinos. Sobre isso, o escritor e pacifista Amos Oz, falecido no final de 2018, observou em sua participação no programa *Roda Viva* da TV Cultura (Fundação Padre Anchieta), em São Paulo (2007): "A questão da paz e da guerra é sempre uma questão de liderança". Com efeito, e por sua sábia afirmação, a conclusão lógica é que, com Abu Mazen, um acordo de paz se torna inviável, pois ele nunca foi uma verdadeira liderança palestina.

É forçoso reconhecer variações de temperatura naquilo que chamei de caldeirão, denotando inclusive mudanças de posturas nacionais com consequências notáveis no campo da geopolítica. Os Estados árabes, já no final do século XX e início no século XXI, começaram a mudar suas relações com Israel. Vale relembrar, como antes frisado, os Acordos de Camp David (paz entre Egito e Israel, 1979) e os recentes Acordos de Abraão, durante o primeiro mandato do presidente Donald Trump. Entretanto, independentemente desses avanços, a Cisjordânia e a Faixa de Gaza nunca se transformaram num Estado Palestino, como determinava a Resolução n.181. E Israel ainda ocupa parte da Cisjordânia e promove, como já explicado em detalhe e com base no Direito Internacional,

3 Lembremos: a Faixa de Gaza e o território pleno da Cisjordânia integravam a Palestina e, na Guerra dos Seis Dias de 1967, foram capturados por Israel.

o *apartheid*. Mais que isso, sob a direita de Netanyahu, manteve a apropriação de parte das terras palestinas e joga, com os assentamentos, na tática do fato consumado. O jornal *Haaretz*, de oposição a Netanyahu, ressaltou, muitas vezes e antes do ataque terrorista do Hamas, que o premiê não tinha interesse nem vontade política na implantação de um Estado palestino.

Para piorar, veio a guerra Hamas-Israel e o jogo imperialista iraniano. Usando o terrorismo, abriram-se duas novas frentes: uma no Líbano, com o Hezbollah, e outra na Síria, agravada pela situação em torno do tirânico regime da família alauita dos Assad – pai, Hafez, e sucessor, Bashar. Uma ditadura sanguinária de 54 anos (início em 1971), sustentada pela força e pelos religiosos alauitas (derivação do xiismo), uma minoria na Síria.

Parêntese.

A ditadura de Bashar al-Assad foi derrubada pela organização paramilitar Hay'at Tahrir al-Sham (HTS), liderada por Abu Muhammad al-Julani, nascido nas Colinas de Golã.

A HTS tem origem na organização terrorista Al-Qaeda. Sob o comando de al-Julani, ela se apresenta como adepta do chamado "jihadismo pragmático".

Al-Julani prometeu restabelecer a segurança e a paz na Síria, além de incentivar o retorno dos 7 milhões de refugiados que fugiram da ditadura de Bashar al-Assad. Segundo a promessa de Mohammed al-Bashir, primeiro-ministro sírio escolhido por al-Julani, "serão garantidos os direitos de todas as gentes e de todos os povos da Síria. Comportamentos errados de alguns grupos islâmicos levaram o Ocidente a relacionar o islamismo ao terrorismo. O mundo real deve guiar o Islã; não podemos impor o nosso Islã ao mundo real".

Essa manifestação do premiê, endossada pelo líder al-Julani, tem sido enquadrada no chamado jihadismo pragmático, mas poucos demonstram acreditar nela.

Para os membros do grupo terrorista Estado Islâmico (Isis), o líder e os integrantes da HTS são traidores do islamismo.

Fechado o parêntese.

Volto ao caldeirão e à guerra Israel-Hamas, com foco em dois pontos: duas falsas propagandas de guerra e uma curiosidade.

Uma forte propaganda de guerra, difundida por Israel, sustentou que a grande maioria dos palestinos apoiava o Hamas na Faixa de Gaza (área com 41 km de comprimento e cerca de 10 km de largura). A verdade, no entanto, é outra. Nessa estreita faixa, a população de 2,4 milhões de pessoas passou, após as eleições palestinas de 2006, a ser tiranicamente governada pelo Hamas. Os palestinos não alinhados com o governo tirânico do Hamas perceberam que, depois do terrorismo de 7 de outubro, levar adiante uma causa com base no terrorismo não conduziria ao resultado almejado: a criação de um Estado palestino soberano. Vale lembrar que, em 2005, Israel havia se retirado de toda a Faixa de Gaza, embora mantendo o bloqueio marítimo e o controle do espaço aéreo.

Portanto, é pura propaganda de guerra a informação de que os palestinos de Gaza apoiam o Hamas e, por consequência, a invasão terrorista contra Israel. Trata-se, na verdade, de palestinos que almejam um Estado-nação livre e independente.

Quanto à curiosidade, ela nasce de uma comparação entre as forças de Israel e as do Hamas. Segundo estimativas dos serviços de inteligência árabes, americanos e israelenses, o Hamas entrou na guerra que provocou, e à qual deu causa, com cerca de 40 mil homens (sem contar os combatentes da Jihad Islâmica Palestina). Militarmente, no início da guerra, o Hamas era composto por 5 brigadas, 24 batalhões e 120 companhias.

Circulou, contudo, outra propaganda de guerra enganosa, e seu porta-voz foi o premiê Netanyahu: a de que seria possível a total eliminação do Hamas. A eliminação militar do Hamas é, de fato, possível, e as Forças Armadas de Israel deram passos largos nesse sentido. No entanto, o Hamas, como organização política, mantém representantes fora da Faixa de Gaza, em outros países, o que garante sua sobrevivência, ainda que sem força militar e sem o governo da área.

Numa última conclusão: com a teocracia iraniana desmoralizada internacionalmente e com os árabes percebendo a verdadeira intenção imperialista dos aiatolás, muitos operadores do Direito Internacional acreditam que a pacificação regional pode ser alcançada.

A paz, no entanto, só chegará com a constituição de um Estado nacional palestino livre, independente, democrático e economicamente auxiliado.

Coda

O ponto de partida desta obra foi a famosa frase de Vegécio: "*si vis pacem, para bellum*". O ponto final será a citação que o escritor siciliano Tomasi di Lampedusa, autor da consagrada obra *O leopardo* (*Il gattopardo*), colocou na boca do príncipe de Salinas. Este, por sua vez, fora alertado pelo sobrinho sobre a necessidade de "mudar tudo para que tudo permaneça como está". O contexto era a unificação da Itália: a transição do reino bourbônico das Duas Sicílias para o domínio da Casa de Savoia, do Piemonte. Posteriormente, essa mesma monarquia sabauda entregaria o governo da Itália ao fascista Mussolini.

O príncipe de Salinas proferiu a frase marcante que servirá de fecho a nosso livro. Fê-lo ao recapitular mentalmente a história da península e da ilha siciliana, um panorama que, por minha conta e para fins de comparação, estenderei aqui do período de Vegécio à moderna indústria bélica, abarcando as hipocrisias e os disfarces destacados nesta obra.

Refletindo sobre o passado e projetando o futuro, disse o príncipe de Salinas: "Nós fomos os *gattopardos*, os leões. Os nossos substitutos serão os chacais, as hienas. E todos nós, *gattopardos*, leões, chacais e ovelhas, continuaremos a nos julgar o sal da terra".

Dom Fabrizio, o príncipe de Salinas da obra clássica *Il gattopardo*, parece ter enxergado longe. No Haiti de hoje, por exemplo, grupos criminosos fortemente armados com armas de última geração controlam 90% da capital, Porto Príncipe, segundo relatório do Conselho de Segurança das Nações Unidas referente ao primeiro semestre de 2025. A missão pacificadora da ONU, sob o comando do Quênia e chamada de Missão Multinacional de Segurança (MMAS), não foi capaz de cumprir a sua tarefa.

Segundo o Conselho, a situação foi definida como "próxima ao colapso total do Estado".[1] Para o subsecretário da ONU, Miroslav Jenca, a MMAS "foi incapaz de avançar na restauração da autoridade do Estado" e seria preciso uma ação coordenada. Ele advertiu: "Sem uma ação maior da comunidade internacional, o colapso total da presença do Estado na capital poderia vir a ser um cenário muito real".[2]

Contudo, o subsecretário Jenca não informa como as organizações criminosas haitianas, que ele chama de "gangues", obtêm armas e munições tão potentes a ponto de lhes conferir superioridade sobre as forças de ordem do Estado. Em outras palavras, e sem nos esquecermos do "sal da terra", ele se omite sobre como funciona aquilo que esta obra denomina *O mercado da morte*.

Wálter Fanganiello Maierovitch

---

1 *La Discussione*, 3 jul. 2025.

2 *Corriere della Sera*, 3 jul. 2025.

Referências bibliográficas

ALBANESE, Francesca; ELIA, Christian. *J'Accuse*: gli attacchi del 7 ottobre, Hamas, il terrorismo, Israele, l'apartheid in Palestina e la Guerra. Roma: Fuori Scena, 2023.

ARENDT, Hannah. *Ebreo come paria*: una tradizione nascosta. Florença: Giuntina, 2017.

_______. *Eichmann em Jerusalém*: um relato sobre a banalidade do mal. 23. reimpr. São Paulo: Companhia das Letras, 2018.

_______. *Origens do totalitarismo*: antissemitismo, imperialismo, totalitarismo. Tradução: Roberto Raposo. Rio de Janeiro: Documentário, 1973.

_______. *Sobre a Revolução*. 3. reimpr. São Paulo: Companhia das Letras, 2022.

BELBENOIT, René. *A Ilha do Diabo*: memórias de um fugitivo de Caiena. 3. ed. Rio de Janeiro: José Olympio, 1958.

BOBBIO, Norberto. *Direita e esquerda*: razões e significados de uma distinção política. 3. ed. São Paulo: Editora Unesp, 1994.

BRENER, Jayme. *Guerras entre Israel e os árabes*. São Paulo: Scipione, 1997.

_______; CAMARGO, Cláudio. *Guerra e paz no Oriente Médio*. São Paulo: Contexto, 1995.

CANFORA, Luciano. *Dizionario politico minimo*. Roma: Fazi, 2024.

_______. *Il fascismo non è mai morto*. Bari: Dedalo, 2024.

_______. *La democrazia*: storia di un'ideologia. Roma; Bari: Laterza, [s.d.]. [Ed. port.: A democracia: história de uma ideologia. Lisboa: Edições 70, 2007.]

CAPPELLETTI, Mauro; GARTH, Bryant. *Acesso à justiça*. Tradução: Ellen Gracie Northfleet. Porto Alegre: Sergio Antonio Fabris, 1988.

FAORO, Raymundo. *Os donos do poder*: formação do patronato político brasileiro. 3. ed. rev. São Paulo: Globo, 2001.

FLINT, Guila. *Miragem de paz*: Israel e Palestina, processo e retrocesso. Rio de Janeiro: Civilização Brasileira, 2009.

HERZL, Theodor. *O Estado judeu*. Rio de Janeiro: Pela (Publicações e Estudos Luso-Afro-Asáticos), 1943.

HINSLEY, F. H. (Francis Harry). *Soberania*: el concepto de soberanía. Tradução para o espanhol. Barcelona: Editorial Labor, 1972.

LOEWENSTEIN, Antony. *Laboratório Palestina*: como Israel exporta a tecnologia da ocupação para o mundo. São Paulo: Elefante, 2024.

MEDEIROS, Antonio Paulo Cachapuz de. *O poder de celebrar tratados*. Porto Alegre: Sergio Antonio Fabris, 1995.

MENEZES, Wagner. *Curso de Direito Internacional*. v.1. São Paulo: Tirant lo Blanch, 2023.

MORELLI, Anne. *Principi fondamentali della propaganda di guerra*. [Italia]: Futura, 2024.

MORRIS, Benny. *Vittime*: storia del conflitto arabo-sionista 1881-2001. Milão: Rizzoli, 2005. (Biblioteca Universale Rizzoli).

MOSSÈ, Claude. *Pericle*: l'inventore della democrazia. Roma; Bari: Laterza, 2021.

MUSCI, Aldo; MINICANGELI, Marco. *Mossad*: breve storia del Mossad. Roma: Datanews Editrice, 2006.

ORSINI, Alessandro. *Ucraina-Palestina*: il terrorismo di Stato nelle relazioni internazionali. Roma: PaperFirst by Il Fatto Quotidiano, 2024.

PAZÈ, Elisa. *Giustizia roba da ricchi*. Roma; Bari: Laterza, 2021.

REZEK, J. F. (José Francisco). *Direito Internacional Público*: curso elementar. São Paulo: Saraiva, 1989.

SAID, Edward W. *La pace possibile*: sui rapporti israelo-palestinesi. Milão: Il Saggiatore, 2023.

SARTORI, Giovanni. *Democrazia in trenta lezioni*. Milão: Mondadori, 2008.

TRINDADE, Antonio Augusto Cançado. *A proteção internacional dos direitos humanos*. São Paulo: Saraiva, 1991.

VALLE, Alexandre del. *Guerras contra a Europa*: geopolítica mundial no século XXI. Rio de Janeiro: Bom Texto, 2001.

WEIL, Simone. *Contra o colonialismo*. Rio de Janeiro: Bazar do Tempo, 1998.

SOBRE O LIVRO

Formato: 13,7 x 21 cm
Mancha: 24,6 x 38,4 paicas
Tipologia: Adobe Jenson Regular 13/17
Papel: Off-white 80 g/m² (miolo)
Cartão Triplex 250 g/m² (capa)

1ª edição Editora Unesp: 2025

EQUIPE DE REALIZAÇÃO

Edição de texto
Tulio Kawata (Revisão)

Capa
Negrito Editorial

Imagem de capa
Jezperklauzen / iStockphoto

Todas as imagens incluídas no livro
estão disponíveis no repositório on-line
Wikimedia Commons e são de uso livre.

Editoração eletrônica
Sergio Gzeschnik

Assistente de produção
Erick Abreu

Assistência editorial
Alberto Bononi
Gabriel Joppert

Rettec artes gráficas e editora

Rua Xavier Curado, 388 • Ipiranga - SP • 04210 100
Tel.: (11) 2063 7000
rettec@rettec.com.br • www.rettec.com.br